Carl-Auer-Systeme

Meiner Frau
mit Dank für ihre Beratung und Unterstützung
und meinen Kindern
Selma, Sebastian, Jorin, Mara und Nora Anne.

Kinder und Jugendliche in der familientherapeutischen Praxis

Helmut Bonney

Mit einem Geleitwort von Helm Stierlin

2003

Carl-Auer-Systeme im Internet: www.carl-auer.de
Bitte fordern Sie unser Gesamtverzeichnis an:

Carl-Auer-Systeme Verlag
Weberstr. 2
69120 Heidelberg

Über alle Rechte der deutschen Ausgabe verfügt Carl-Auer-Systeme
Verlag und Verlagsbuchhandlung GmbH Heidelberg
Fotomechanische Wiedergabe nur mit Genehmigung des Verlages
Satz: Verlagsservice Josef Hegele, Dossenheim
Umschlaggestaltung: WSP Design, Heidelberg
Umschlagbild: © RubberbalProductions
Printed in the Netherlands
Druck und Bindung: Koninklijke Wöhrmann, Zutphen

Erste Auflage, 2003
ISBN 3-89670-418-4

Bibliografische Information Der Deutschen Bibliothek
Die Deutsche Bibliothek verzeichnet diese Publikation
in der Deutschen Nationalbibliografie; detaillierte bibliografische
Daten sind im Internet über http://dnb.ddb.de abrufbar.

Inhalt

Geleitwort ... 8

1 Einleitung ... 10
1.1 Zielsetzung ... 10
1.2 Praxis, Kunst und Forschung ... 12

2 Historisches: Von der Kindertherapie zur Familientherapie ... 14

3 Biologische und soziale Systeme ... 18
3.1 Neurobiologie ... 18
3.2 Das ADHS-Konstrukt ... 22
3.2.1 Aufmerksamkeit, Wahrnehmung und moderne Kultur ... 28
3.2.2 Aktuelle neurobiologische Befunde ... 32
3.2.3 ADHS-Konstellation ... 35
3.3 Entwicklung und Wachstum von Familien in systemischer Sicht ... 36
3.4 Entwicklungspsychopathologie ... 37
3.5 Diagnostische Prozeduren/Familiendiagnostik: Klassische psychodiagnostische Verfahren und Systemmodellierung ... 39

4 Praxis ... 41
4.1 Begegnung und Sprechen mit Familien ... 41
4.2 Eltern als Experten für das Wohl ihrer Kinder ... 43
4.3 Regulationsstörungen im Säuglingsalter ... 44
4.4 Junge Kinder in der Familientherapie ... 46
4.5 Systemische Einzeltherapie mit Jugendlichen neben Settings mit der Familie ... 49
4.6 Systemische Therapie mit abwesenden Jugendlichen ... 51

4.6.1 Identifizierung und Verstörung des jugendlichen Regelsystems ... 51
4.6.2 Neuordnung der Territorialverhältnisse ... 52
4.7 Gesunde Kinder mit belasteten Eltern ... 53
4.8 Geschwisterbeziehungen ... 54
4.9 Zeitmanagement ... 60
4.9.1 Entwicklung von Störungen im Zeitverlauf ... 60
4.9.2 Zeitbezogene Interventionen ... 61
4.9.3 Herstellen zeitlicher Orientierung ... 62
4.9.4 Symptomverschiebung in der Zeit ... 63
4.9.5 Bewusstmachen des eigenen Zeitempfindens ... 65
4.10 Erziehung, Macht und Selbstwirksamkeit ... 66

5 Zwölf kommentierte Arbeitsberichte ... 68

5.1 Belastungs- und Anpassungsstörungen: Posttraumatische Belastungsstörung (F 43.1) ... 70
Martin, erst 4 Jahre alt, bewältigt den frühen Unfalltod seines Vaters und unterstützt dabei seine Mutter ... 72
5.2 Somatoforme Störungen: Erbrechen, Enuresis und Enkopresis ... 76
5.2.1 Habituelles Erbrechen ... 76
Gisela, 7 Jahre: „Wie lange muss ich erbrechen, bis sich endlich etwas ändert?" ... 77
5.2.2 Enuresis nocturna ... 81
Karla, 6 Jahre, verkauft erfolgreich ihre „Pinkelgeister" ... 82
Mathias, 12 Jahre: Zeitliche Orientierung führt zu trockenen Nächten ... 84
5.2.3 Enkopresis ... 87
Steffen, 16 Jahre: Autonomie nimmt dem Einkoten seine Herrschaft ... 88
5.3 Hyperkinetische Störungen ... 95
Jens-Ercan, 8 Jahre: adoptiert seinen Stiefvater und wird fröhlicher und ruhiger ... 98
5.4 Magersucht ... 106
Nadja, 12 Jahre: „Wenn es Vater endlich besser geht, kann ich wieder essen" ... 108
Andrea, 15 Jahre: „Mutter's Tod war so schlimm. Helft mir doch, ihren Verlust zu tragen!" ... 114
5.5 Zwangsstörungen ... 119
Hans, 15 Jahre: Kurzweil heilt Zwang ... 121

5.6 Psychotische Störungen ... 126
Radjul, 16 Jahre, braucht dringend vom Vater die Erlaubnis, wütend zu sein ... 127
Karl, 19 Jahre, entlässt seine Eltern in ihre eigene Verantwortlichkeit und gewinnt seine eigene Zukunft ... 132
5.7 Seelische Entwicklung nach Einsatz einer Reproduktionstechnologie ... 136
Christiane, 8 Jahre: „Ihr müsst mir nun aber doch einmal sagen, wer eigentlich mein Vater ist!" ... 137

6 Behandlungsleitlinien ... 145
6.1 Erstinterview ... 145
6.2 Akzeptanz und Ressourcenorientierung ... 149
6.3 Vom „Erfindungsgeist": Unvernünftige Probleme verlangen unvernünftige Lösungen ... 151
6.4 Wege zum „Erfindungsgeist" ... 155

7 Ausblick auf eine therapeutische Zukunft ... 159

Literatur ... 162

Register ... 169

Über den Autor ... 171

Geleitwort

Im letzten Jahr meiner Lehrtätigkeit an der Heidelberger Universität widmete ich ein Seminar den gesammelten Fällen Milton H. Ericksons. Zweierlei wurde dabei deutlich: Ericksons therapeutisches Vorgehen ließ sich weder auf einen Nenner bringen noch von einem eigenen lehrbaren Kanon herleiten. Vielmehr schien sich Erickson jedes Mal in innovativer Weise gerade auf den vorliegenden Fall einzustimmen. Das geschah häufig mittels einer Hypnose, oft aber auch mit anderen Mitteln.

Weiter schien es Ericksons Vorgehen zu kennzeichnen, dass er in den gezeigten Symptomen fast immer auch Stärken und Ressourcen wahrnahm. Und schließlich brauchte er oft erstaunlich wenig Zeit, um bleibende positive Veränderungen anzuregen.

All das lässt sich auch von den Falldarstellungen sagen, die Helmut Bonneys kinderpsychiatrischer Praxis entnommen sind. Auch bei ihnen lässt sich zumindest in meinen Augen nicht von einer Standardtechnik sprechen, die jeweils mit leichten Abwandlungen gehandhabt wird. Vielmehr beeindruckt auch hier ein Vorgehen, bei dem jeweils ganz unterschiedliche Elemente wichtig werden. Auch hier werden Ressourcen erkannt und genutzt, die sich in der jeweiligen Symptomatik zum Ausdruck bringen. Und auch hier werden konstruktive Veränderungen in vergleichsweise wenigen und zum Teil auch zeitlich weit auseinander liegenden Sitzungen angeregt.

Dennoch unterscheidet sich das Vorgehen des Autors von dem Ericksons in einem wichtigen Punkt: Bonney bezieht, wie das in der Kinder- und Jugendpsychiatrie auch nahe liegt, in seine Überlegungen und Interventionen stets die Mitglieder des existenziell bedeutsamen Systems – und das heißt nun zumeist des Eltern- und Familiensystems – ein. Dabei zeigt er sich für mannigfaltige Rückkopplungen zwischen dem System Individuum und dem System Familie sensibilisiert. Dem entsprechend zielen auch viele seiner Interventionen darauf ab, negative Kreisprozesse zu stören und damit der individuellen und auch familienweiten Selbstorganisation eine neue Chance zu geben. Und dies, wie gesagt, mit oft erstaunlichen Erfolgen. Diese Erfolge sind häufig auch darin zu sehen, dass es als Konsequenz der Interventionen des Autors nicht nur bei dem behandelten Kind oder Jugendlichen, sondern auch bei dessen existenziell wichtigen Bezugspersonen – in der Regel dessen Eltern – zu Fortschritten im Sinne einer inneren Befreiung und Gesundung kam.

Und noch ein Positivum lässt sich an den Darstellungen erkennen: Sie fügen sich fast zwanglos in die Praxis eines Kinder- und Jugendpsychiaters ein, der einerseits über ein knappes Zeitbudget verfügt, andererseits Spaß an seiner Arbeit haben möchte.

Aus all diesen Gründen freue ich mich, das Buch rundweg empfehlen zu können.

Prof. em. Helm Stierlin
Heidelberg, den 23. Juni 2003

1 Einleitung

1.1 Zielsetzung

Die erst Ende des 19. Jahrhunderts erfundene Kindheit scheint jetzt zu Anfang des 21. Jahrhunderts eine Renaissance zu erleben. Im Zuge dieser Entwicklung überdenken offensichtlich auch familienorientierte Richtungen der Psychotherapie, inwieweit sie den Erfordernissen der Kinder und Jugendlichen gerecht werden. Dieses Buch wendet sich an Therapeuten und Angehörige sozialer Berufe, die in familientherapeutischen Settings mit Kindern, Jugendlichen und deren Familien umgehen und eine hilfreiche Ergänzung zu den traditionellen Konzepten suchen, die aus der Tiefenpsychologie und dem Behaviorismus hervorgegangen sind. Es möchte den Erfindungsgeist wecken, wenn ein Kind, ein Jugendlicher Anlass zur Sorge gibt, und Mut machen, den Blick auf die Chancen für Wandel und Lösungen zu richten.

Mythen über Kinder und Therapien verstellen nur zu gerne unseren Blick auf gangbare Lösungswege (Selekman 1997). „Am Bett des Kranken verstummt jede Theorie, oder sie verflüchtigt sich". In dieser Forderung Corvisarts aus dem Jahre 1761 (Foucault 1963) mag man Anfänge solcher dynamischen, kybernetischen Sichtweisen sehen, die im Verlauf der letzten 20 Jahre – wieder – Eingang in die Betrachtung sozialer Prozesse gefunden haben (Luhmann 1985; Ludewig 1992). Die Beachtung dynamischer, rekursiver Prozesse zwischen Individuum und dessen Umgebung verändert nicht nur unser Wissen über die Kompetenzentwicklung im Säuglingsalter (Dornes 1993; Smith a. Thelen 1993), sondern erschließt auch stets von neuem therapeutische Möglichkeiten, die in der Begegnung mit unseren Klienten aus der Integration von aktuellem Wahrnehmen mit dem uns bekannten Fachwissen erwachsen. Wir müssen damit rechnen,

„daß Aussagen unserer Einbildungskraft die Wahrnehmung vorwegnehmen wollen" (Foucault 1963, S. 121), und uns damit dessen bewusst werden, in welcher Weise das Ergebnis einer Beobachtung von uns als den Beobachtern abhängt (Simon 1995). Als fachorientierte Spezialisten und versehen mit den Kenntnissen der gültigen Wissenschaften – so wie in anderer Weise die Eltern aus ihrer Lebenserfahrung heraus –, sind wir daran gewöhnt, Prognosen zu stellen, wenn wir um Rat gefragt werden. Die Erwartung der möglichen Verschlechterung oder gar des Schlimmen macht uns geneigt, Wirklichkeiten zu errechnen (von Foerster 1999), die es uns erschweren, unsere Interventionen mit kühler Leidenschaft zu finden und somit zur Lösungsentwicklung beizutragen (Unger 1986). Zudem regt die neuere neurobiologische Forschung der vergangenen zehn Jahre dazu an, interaktionale Betrachtungsweisen psychosozialer Phänomene zugunsten intraindividueller zurückzunehmen. Für die therapeutische Arbeit mit Kindern und Jugendlichen ist dem gegenüber ein Kontrapunkt zu setzen: Das sich entwickelnde Gehirn ist nicht nur ein Produkt biologischer und genetischer Faktoren, sondern differenziert sich auch nutzungsabhängig unter dem Einfluss der psychosozialen Umgebung (Hüther 1999; Hüther u. Bonney 2002).

Beginnend mit den Ansätzen der familientherapeutischen und soziologischen Forschung und der Kommunikationswissenschaften in den 50er-Jahren des vergangenen Jahrhunderts, erfolgte ein Wandel im Verständnis menschlicher Verhaltensweisen. Das Verständnis individueller Entwicklung und individuellen Handelns erfuhr sowohl eine Erweiterung als auch eine Neukonzeption durch die Berücksichtigung rekursiver Prozesse zwischen dem Individuum und seiner Umgebung. Dieser epistemologische Wandel erlaubte neue therapeutische Ansätze, deren hilfreiche Wirkungen mittlerweile gut dokumentiert sind und belegt werden konnten (Schiepek 1999). Während familientherapeutische Ansätze in der Arbeit mit Erwachsenen ihre Verbreitung gefunden haben, ist festzustellen, dass diese weit weniger berücksichtigt werden, wenn es um die Erarbeitung von Lösungen im Hinblick auf Problemkonstellationen bei Kindern und Jugendlichen geht. Zudem hat sich die wissenschaftliche Kinder- und Jugendpsychiatrie kaum der Ergebnisse familienorientierter und systemischer Psychotherapieentwicklungen angenommen. Vielmehr ist in diesem Fachgebiet zu beobachten, dass sich ein neurobiologischer Reduktionismus etabliert und psychopharmakologische Strategien aus der Erwachsenenpsychiatrie weitgehend ohne die Prüfung ihrer Anwendbarkeit auf Kinder übernommen werden. Umso mehr erscheint es notwendig, die Chancen der familientherapeutischen und systemischen Arbeit für das Gebiet kindlicher Störungsbilder aufzuzeigen. Ferner beklagt in jüngster Zeit der familientherapeutische Diskurs die unzureichende Einbeziehung von Kindern und Jugendlichen (Rotthaus 2000). Die Kinder bleiben „Randerscheinungen", während die Familientherapeuten das Gespräch mit den Erwachsenen pflegen und ihre Interventionen in erster Linie an diese richten. Ausführlichere Darstellungen der Spezifitäten ambulanter systemischer Arbeit mit Kindern und Jugendlichen fehlen in der einschlägigen Fachliteratur nahezu vollständig.

1.2 Praxis, Kunst und Forschung

Bradford Keeney, ein Schüler Gregory Batesons, dem wir die grundlegenden systemischen Ausgangspunkte und Theoriebausteine verdanken (Bateson 1985), fordert den kybernetischen Therapeuten dazu auf, zugleich Praktiker sowie Theoretiker, Forscher und Künstler zu sein (Keeney 1987, S. 212). Die Arbeitswirklichkeiten führen jedoch in der Regel zu einer Dichotomie: Das Engagement des wissenschaftsorientierten Hochschullehrers begrenzt seine Chancen, therapeutische Erfahrungen zu sammeln, während der Therapeut in der Praxis den größten Teil seiner Kraft und Aufmerksamkeit seinen Klienten widmet und angesichts des therapeutischen Alltags seine wissenschaftliche Neugier zurückstellt.

Dieses Buch integriert die kinderpsychiatrischen Erfahrungen einer systemischen Praxis aus mehr als 15 Jahren ambulanter Arbeit mit etwa 4000 Familien mit dem Kenntnisstand der neueren wissenschaftlichen Konzeptionen der Neurobiologie und Kybernetik sozialer Systeme.

Der Leserschaft wird somit die Gelegenheit gegeben, die oben beklagte Dichotomie zu überwinden: Ausgewählte Praxisbeispiele zu zentralen Fragestellungen aus der Kinder- und Jugendpsychiatrie sollen eine systemische Arbeitsweise und deren Effekte verdeutlichen. Die gewählte Darstellungsform versucht, die therapeutische Gestaltung abzubilden, indem sie die rekursiven Prozesse zwischen Klientensystem und Therapeut hervorhebt. Die jeweils nachstehenden Kommentare interpretieren die geschilderten individuellen Problemlösungen vor dem Hintergrund systemischer Theorien. Sie laden dazu ein, die erkenntnistheoretischen Grundlagen der dargestellten Therapieverläufe zu durchdenken und Querverweisen auf relevante Forschungsansätze zu folgen. Diese integrierte Darstellung der systemtherapeutischen Praxis und Wissenschaft folgt dem „ethischen Imperativ", den von Foerster (1993) definierte: „Handle stets so, daß die Zahl der Wahlmöglichkeiten wächst!". Sie nimmt einen Platz ein zwischen den Lehrbüchern der Kinder- und Jugendpsychiatrie bzw. systemischer Psychotherapie und wissenschaftlichen Werken, die Anwendungen der Systemwissenschaften und der Neurobiologie zum Gegenstand haben.

Die dargestellten Beispiele wurden aus der ambulanten Klientel der vergangenen 15 Jahre ausgewählt, die unsere sozialpsychiatrische Praxis aufgesucht hatte. Problemverteilung und Lösungswege wurden an anderer Stelle publiziert (Bonney 1998a). Es handelt sich um typische Problemkonstellationen, für die mit z.T. untypischen Mitteln Lösungen entwickelt wurden. Diese Darstellungen wollen nicht beanspruchen, Spektakuläres aufzuzeigen, sondern vielmehr dazu anregen, mit Freude und Humor den eigenen kreativen Erfindungsgeist zu mobilisieren und zu erfahren, dass systemisches Arbeiten für alle Beteiligten, Problem- und Hilfssystem, ein kunstreicher Genuss sein kann.

2 Historisches:
Von der Kindertherapie zur Familientherapie

Seit den frühen Anfängen der Kindertherapie (S. Freud 1909) wird die Frage bewegt, welche Rolle die Mitwirkung der Eltern bei der Behandlung einnehmen kann und soll.

Der fünfjährige Junge aus der Fallgeschichte „Der kleine Hans" wird durch Freud nur mittelbar behandelt. Er erhält Informationen über den Vater des Jungen und gibt jenem Anregungen, wie jeweils verfahren werden könnte. Diesen technischen Aspekt therapeutischen Vorgehens nutzt bei differenten Theoriegrundlagen auch heute die Familientherapie, wenn das Potenzial an Vertrauen eines recht jungen Kindes in seine Eltern einen günstigeren Verlauf verspricht, als wenn der Therapeut unmittelbar mit dem Kind umgeht. Wenn auch aus anderer Intention, weist Anna Freud (1927) darauf hin, dass die Eltern oder andere Personen aus der Umgebung des Kindes die Einleitung einer Therapie verantworten, da das junge Kind keine diesbezügliche Entscheidung fällen könne und zudem unter seiner Störung nicht leide. Die Therapie geschieht dann unter indirekter Mitwirkung der veranlassenden Erwachsenen.

Im deutschen Sprachraum erweitert 1969 H. E. Richter den therapeutischen Blick auf das Kind und dessen Therapieerfordernisse und -möglichkeiten um die familiäre Dimension. Das Quellenverzeichnis seiner bedeutenden Basisarbeit enthält keine Angaben zu den längst veröffentlichten Studien der frühen amerikanischen Familientherapeuten und kybernetischen Theoretiker. Es handelt sich um eine psychoanalytische Studie über die Wirkungen der Dynamik der elterlichen Beziehungen auf das Kind und dessen Rolle im familiären Geschehen. Die wirkungsvolle Entfaltung der systemischen Therapie in Europa geht von Mailand aus. Die analytische Kindertherapeutin Mara Selvini Palazzoli hatte dort Anfang der 70er-Jahre des vergangenen Jahrhunderts mit drei Kollegen und Kolleginnen ein Team gegründet, das sich neben den alltäglichen psychoanalytischen Kuren im Austausch mit der Palo-Alto-Gruppe um Watzlawick et al. (1974) auf der Basis der erkenntnistheoretischen Arbeit von Bateson (1985) mit dem Studium familiärer Prozesse befasste. Daraus entwickelte sich das so genannte Mailänder Modell, das sich als außerordentlich wirksam erwies und dem heute internationale Anerkennung gezollt wird (Palazzoli et al. 1980). Die behandlungstechnischen Hinweise verlangen die Orientierung des Therapeuten über hypothetische Beziehungsmuster, über die mittels Sprache kommuniziert wird. Die komplexen, dem radikalen Konstruktivismus verpflichteten Gedankenwerke der systemischen Therapie zusammen mit dem Bemühen um Einfachheit und Effektivität vernachlässigten die aktive Einbeziehung der Kinder in den Prozess. Das Sprechen mit den Erwachsenen, ihre Ansprache anlässlich von Kommentaren und Verschreibungen geschieht auf hohem Abstraktionsniveau außerhalb der Sprachkompetenz von Kindern und fern von deren kommunikativen Modalitäten und Stärken (Diller 1991). Das Instrument der zirkulären Unterschiedsfragen von komplexer Sprachgestalt, die von jungen Kindern weder verstanden noch beantwortet werden können, muss mit größter Vorsicht – bezogen auf das Entwicklungsalter – moduliert und den kindertypischen Möglichkeiten angepasst werden. Die systemische Arbeit mit Kindern wird noch die Frage zu lösen haben, mit welchen behandlungstechnischen Mitteln eine unmittelbar an junge Kinder gerichtete Unterschiedsinduktion so gestaltbar ist, dass sie verstanden und wirksam wird.

Wenn in einigen Registern von Standardwerken der Familientherapie das Wort „Kinder" gar nicht enthalten ist, mag das als Hinweis darauf gesehen werden, dass sich der Schuldvorwurf älterer psychotherapeutischer Richtungen an die Eltern, denen die Kinder ausgesetzt seien, dort eingeschlichen hatte, wo doch eigentlich Allparteilichkeit und Rekursivität gelten sollten. Die Familientherapie mag sich im Stillen den Auftrag gegeben haben, irgendwie und zuerst die Eltern „in Ordnung zu bringen". Wäre das gelungen, müsste es doch den Kindern gut gehen. Die Entwicklung kindgemäßer Veränderungsstrategien mit auch nonverbalen Mitteln, ohne dass man dabei den Familienbezug ausschließlich oder primär im Auge hätte, ist ein großes Verdienst der Hypnotherapie (Mrochen et al. 1997; White u.

Epston 1994). Seit relativ kurzer Zeit sind nun unübersehbare Bemühungen vorhanden, Kinder bewusster und unmittelbarer in die familientherapeutische Arbeit aktiv einzubeziehen und dazu behandlungstechnische Konzepte zu erarbeiten (u. a. Vossler 2000; Retzlaff 2002). So möchte Selekman (1997, S. 1–7) einige Mythen überwunden wissen, die bisher zur Ausgrenzung von Kindern aus familientherapeutischen Prozessen geführt haben:
Während analytische Kindertherapeuten dazu tendieren, familienbezogene Strategien als dazu ungeeignet zu beurteilen, entwicklungsgerecht dem innerpsychischen Konflikt des Kindes zu begegnen, beharren Familientherapeuten weiterhin darauf, kindliche Symptome lediglich als Ausdruck der dysfunktionalen Familie aufzufassen. Um gerade junge Kinder vor möglichen weiteren Traumatisierungen zu schützen, sollen sie deshalb nicht an familientherapeutischen Sitzungen teilnehmen. Ferner könnten sie schon wegen ihrer unreifen Entwicklung an dem therapeutischen Geschehen nicht partizipieren. Selekman führt dagegen einige gute Gründe auf, die für die Einbeziehung junger Kinder sprechen. Das kindliche Spiel und andere Gestaltungsweisen können metaphorisch verdeutlichen, wie das Kind sich selbst innerhalb des familiären Geschehens erlebt. Kinder als Anwälte für spielerische Lösungen und Spontaneität können den Eltern in quasi co-therapeutischer Funktion den Weg zurück zum hilfreichen Spiel öffnen. Wir beobachten immer wieder, dass gerade junge Kinder während der Sitzung spontan mit Spiel- oder Zeichenmaterial den Gesprächsverlauf ergänzen oder kommentieren:

– Ein fünfjähriger Junge zeichnet am Kindertisch ein in Flammen stehendes Haus, während die Eltern noch sehr oberflächlich und zurückhaltend das aktuelle familiäre Geschehen darstellen.
– Ein vierjähriges Mädchen teilt akribisch und konzentriert eine Herde von Schafen in zwei Hälften, während die Eltern in vorsichtigsten Andeutungen von ihren Trennungsintentionen sprechen.
– Ein Sechsjähriger belegt scheinbar unvermittelt den Therapeuten plötzlich und nachhaltig mit Beschlag, als dieser ansetzt, sich mit einer Verschreibung an seine Mutter zu wenden, als wolle er sie davor schützen.

Scheinbar mit sich beschäftigt, verfolgen junge Kinder das Gespräch zwischen Eltern und Therapeut offensichtlich sehr genau, klinken sich bisweilen plötzlich ein, wenn Dinge berührt werden, die aus ihrem Erleben heraus hohe emotionale Bedeutung haben. Die Verantwortung des Therapeuten liegt dann darin, das sich „zu Wort meldende" Kind zu hören und ihm das Verstehen seines Beitrages zu signalisieren.

Kinder sind durchaus dazu in der Lage, sich zu äußern, wenn sie in Anwesenheit der Eltern nach den eigenen Wünschen und Zielen gefragt werden, und wünschen auch, im Familiendialog eine Stimme zu haben. Sie fühlen sich in therapeutischen Situationen dann am ehesten wohl, wenn das Expertentum der Eltern für die Entwicklung und das Verständnis ihrer Kinder anerkannt wird. Jede erfahrene Rückenstärkung der Eltern hilft ihnen bei der Bewältigung ihrer Schwierigkeiten, weil dies sie davon entlastet, anstelle der Eltern für eine Lösung sorgen zu müssen. Im deutschen Sprachraum hat Rotthaus (2001) ein Buch herausgegeben, das der Orientierung bezüglich der Chancen und Notwendigkeiten systemischer Kinder- und Jugendlichenpsychotherapie dient. Aus dem darin enthaltenen Beitrag von Derichs und Höger (ebd., S. 20–40) sei hier zitiert, welche Fähigkeiten und Fertigkeiten der fachliche Umgang mit der Frage, wie Kinder in die systemtherapeutische Arbeit einbezogen werden können oder sollen, erfordert: Eingehen auf den Entwicklungsstand des betreffenden Kindes mit Empathie, Sensibilität und entwicklungspsychologischen Kenntnissen, Beachtung und Einbeziehung des familiären und sozialen Kontextes, Vermeidung eines Dilemmas zwischen gleichrangigen ethischen Prinzipien, Eingehen auf das Entwicklungs- und Sprachniveau des Kindes, Beachtung nonverbaler Signale, allparteiische Haltung und Reflexion der Position des Therapeuten im Hilfesystem.

3 Biologische und soziale Systeme

3.1 Neurobiologie

Im Bereich der Hirnforschung hat in den letzten Jahren ein umfangreicher Wissenszuwachs stattgefunden. Viele alte, bisher für gültig gehaltene Annahmen wurden widerlegt und mussten korrigiert werden. Jahrzehntelang war man davon ausgegangen, dass die während der Hirnentwicklung ausgebildeten neuronalen Verschaltungen und synaptischen Verbindungen unveränderlich seien. Dagegen muss heute als gesichert gelten, dass das Gehirn zeitlebens zur adaptiven Modifikation und Reorganisation seiner einmal angelegten Nervenzellverschaltungen befähigt ist. Die Herausbildung und Festigung dieser Verschaltungen hängt ganz entscheidend davon ab, wie und wofür wir unser Gehirn benutzen. Noch vor einigen Jahren schien es unvorstellbar, dass psychosoziale Einflüsse in der Lage wären, die Struktur des Gehirns in irgendeiner Weise zu verändern. Inzwischen gilt, dass die im Lauf des Lebens gemachten Erfahrungen strukturell im Gehirn verankert werden.

Forschungsergebnisse der letzten Jahre haben jedoch deutlich gemacht, dass der Bau und die Funktion des menschlichen Gehirns in besonderer Weise für Aufgaben optimiert sind, die wir unter dem Begriff „psychosoziale Kompetenz" zusammenfassen. Unser Gehirn ist demnach weniger ein Denk- als vielmehr ein Sozialorgan (Hüther 2001). Inzwischen beginnt die Hirnforschung zu verstehen, welche Bedeutung Gefühle nicht nur für die Ausrichtung von Wahrnehmungs- und Denkprozessen besitzen, sondern auch, wie frühe emotionale Erfahrungen im Gehirn verankert werden und wie sehr sie spätere Grundhaltungen und Überzeugungen bestimmen. Fast ein ganzes Jahrhundert lang wurde heftig darüber gestritten, ob das Denken, Fühlen und Handeln des Menschen stärker von angeborenen Verhaltensprogrammen oder von den im Lauf des Lebens gemachten Erfahrungen bestimmt wird. Heute beginnt man zu begreifen, dass der Mensch nur deshalb ein so anpassungsfähiges, zeitlebens lernfähiges Gehirn besitzt, weil die das Denken, Fühlen und Handeln bestimmenden Nervenzellverschaltungen durch genetische Programme noch nicht endgültig festgelegt sind.

Natürlich kommen wir alle mit unterschiedlichen Anlagen, mit bestimmten Defiziten wie auch mit besonderen Begabungen zur Welt. Was jedoch aus diesen Anlagen wird, ob die angeborenen Schwächen verstärkt oder kompensiert, ob bestimmte Stärken ausgebaut und weiterentwickelt werden oder ob sie verkümmern oder gar eine besondere Begabung zum Ausgangspunkt einer Fehlentwicklung wird, hängt ganz entscheidend davon ab, unter welchen Bedingungen ein Kind aufwächst und sein Gehirn benutzt oder zu benutzen gezwungen ist. Die für die Steuerung der Hirnentwicklung verantwortlichen genetischen Programme zeichnen sich beim Menschen – anders als bei Tieren, ja selbst bei unseren nächsten Verwandten, den Menschenaffen – dadurch aus, dass sie die Ausreifung der endgültigen, unser Denken, Fühlen und Handeln bestimmenden Verschaltungen nicht so stark wie möglich, sondern so wenig wie möglich festlegen. Wäre es umgekehrt, könnten wir mit unserem Gehirn kaum etwas lernen, könnten wir keine eigenen Erfahrungen in Form bestimmter Verschaltungsmuster in unserem Gehirn verankern und sie im späteren Leben als Entscheidungshilfen für das verwenden, was wir tun oder lassen, was wir wünschen oder fürchten, was wir suchen oder vermeiden.

Der lange evolutionäre Prozess, der schließlich die Verankerung von genetischen Programmen zur Herausbildung zeitlebens lernfähiger, plastischer und so wenig wie möglich genetisch *vorprogrammierter* Gehirne herbeigeführt hat, ist jedoch – wie uns die Molekularbiologen sagen – schon seit etwa 100 000 Jahren zu Ende. All die neuronalen Netzwerke und synaptischen Verschaltungen, die uns heute in die Lage versetzen, anders zu denken und zu empfinden und nicht zuletzt auch anders zu handeln als unsere Vorfahren vor 100 000 Jahren, sind daher längst nicht mehr das Resultat genetischer „Verbesserungen". Wir verdanken sie vielmehr dem Umstand, dass es unseren Vorfahren im Laufe von vielen Generationen gelungen ist, immer bessere Bedingungen für die Entfaltung der genetisch angelegten Möglichkeiten zur Ausreifung eines zeitlebens lernfähigen

Gehirns mit möglichst komplex vernetzten neuronalen Verschaltungen zu schaffen. Gelungen ist uns das also nicht durch eine biologische, sondern durch eine kulturelle Evolution, d. h. durch eine allmähliche, von Generation zu Generation fortschreitende Verbesserung der Entwicklungs- und Nutzungsbedingungen für die Gehirne unserer Kinder: durch die Entwicklung und Weitergabe einer Laut-, später einer Schriftsprache, durch die Überlieferung von Erfahrungen von einer Generation zur nächsten, durch die transgenerationale Weitergabe von bewährten Ritualen, Erziehungsstilen und, natürlich auch, von erworbenem Wissen und erlernten Fähigkeiten. Unsere genetischen Anlagen zeichnen sich eben nur dadurch aus, dass sie die Herausbildung eines hochkomplexen, zeitlebens lernfähigen Gehirns ermöglichen. Ob aber unsere Kinder ein solches Gehirn tatsächlich entwickeln oder ob sie nur eine Kümmerversion dessen ausbilden, was daraus hätte werden können, hängt nicht von ihren Genen ab, sondern davon, ob und wie gut es uns gelingt, die zur optimalen Entfaltung dieser Anlagen erforderlichen Voraussetzungen zu schaffen und aufrechtzuerhalten.

Die wissenschaftliche Kinder- und Jugendpsychiatrie hat sich außer auf die modifizierte Übernahme der DSM-IV-Kriterien in den ICD-10 auf eine mehrdimensionale Diagnostik verpflichtet (Remschmidt et al. 2001): Neben dem so genannten klinisch-psychiatrischen Syndrom sind die körperliche Gesundheit, das Begabungsniveau, Teilleistungsschwächen und Umgebungskonstellation mit familiären und sozialen Gegebenheiten zu erfassen. Während manifeste neurologische Erkrankungen nur im Ausnahmefall Gegenstand der kinderpsychiatrischen bzw. kinderpsychotherapeutischen Arbeit sind, nehmen Hypothesen über geringfügige zentralnervöse Funktionsstörungen als Grundlage der Entwicklung eines klinischen Problems weiten Raum ein. Entsprechend der Identifikation so genannter *soft signs* bei der Prüfung der motorischen Koordinationsleistungen, die als Ausdruck minimaler organisch bedingter Fehlfunktionen, weniger Läsionen, gewertet werden, sucht die testpsychologische und apparative Diagnostik nach Indikatoren für zentrale Dysfunktionen weiterer höherer Hirnleistungsbereiche. Solche diagnostischen Bemühungen liefern für den Bereich der auditiven und visuellen Funktionen in therapeutischer Hinsicht wertvolle Information, mittels deren gezielte heilpädagogische Maßnahmen konzipiert werden können (Logopädie, Ergotherapie, psychomotorische Übungen). Dagegen haben sich umschriebene zentrale Dysfunktionen nicht zeigen lassen, wenn es darum geht, komplexere Verhaltensmuster zu erklären, die als psychopathologische Phänomene imponieren und in den Glossaren psychiatrischer Diagnosen definiert werden.

Die neurobiologische Forschung ist darum bemüht, Variationen der zentralen elektrochemischen Informationsübertragung und neuroanatomische Besonderheiten als Korrelat psychiatrischer Störungen zu identifizieren. Funktionsuntersuchungen am arbeitenden Gehirn wie Magnetresonanz- und Positronenemissionstomographie (MRT und PET) zielen auf die Erfassung umschriebener Hirnaktivierungen und deren Aberration bei klinisch-psychiatrischen Syndromen. Dabei handelt es sich um Grundlagenforschung, die trotz größter Bemühungen bisher kaum eindeutig zuzuordnende Befunde ermitteln konnte. Eine therapeutische Bedeutung beanspruchen diese neurobiologischen Analysen bisher nur dort, wo hypothetisierbare Begründungen für den Einsatz von Psychopharmaka entwickelt werden konnten: z. B. Einflussnahmen auf den Serotonin- oder Dopaminstoffwechsel.

Das in den Anfängen der wissenschaftlichen Psychiatrie aufgestellte Postulat „Geisteskrankheiten sind Gehirnkrankheiten" scheint weiterhin zu wirken. Dieses Postulat wurde als Umkehrschluss aus der klinischen Beobachtung aufgestellt, dass verschiedene neurologische oder infektiöse Erkrankungen, die mit der (partiellen) Zerstörung von Hirnsubstanz einhergehen, auch zu Störungen der höheren geistigen/seelischen Funktionen führen können (Tumoren, Hirnentzündungen, Degenerationen, Syphilis u. a. m.). Die Entdeckung der Beeinflussbarkeit, wenn auch nicht Heilung verschiedener psychiatrischer Störungsbilder durch Arzneien geht den neurobiologischen Erklärungsversuchen dieser Wirkungen voraus und nährt die Gültigkeit des zitierten Postulates. Mittels der heute möglichen mikroanatomischen und neurochemischen Analysen und Funktionsuntersuchungen am lebendigen Gehirn gelingt es der modernen Naturwissenschaft zunehmend, zentralnervöse Mechanismen zu identifizieren, die Einblicke in die noch kaum verstandenen hochkomplexen Funktionsweisen des Gehirns erlauben. Auch wenn die neurobiologische Grundlagenforschung neue Hinweise auf eine Korrelation zwischen organischen Gegebenheiten und höheren Funktionen liefert, ist doch die Definition von Kausalketten kaum einmal möglich und bisher für das kinder- und jugendpsychiatrische Fachgebiet von untergeordneter Bedeutung. Sowohl die Kenntnis der komplexen Dynamik kindlicher Entwicklung als auch die Erfahrung der wissenschaftlichen Kinder- und Jugendpsychiatrie verbieten jeden neurobiologischen Reduktionismus, der unter therapeutischem Gesichtspunkt auf den vordringlichen Einsatz psychopharmakologischer Substanzen zielt.

Ein systemischer Ansatz ist dazu in der Lage, die Aspekte der eingangs genannten mehrdimensionalen Diagnostik zu integrieren. Systemisches Handeln stellt sich die Aufgabe, mit weit gestelltem Blickwinkel für Neukonzeptionen und Bedeutungszuschreibungen die hilfreichen Ressourcen der Familie und der weiteren sozialen Umgebung für den Lösungsprozess verfügbar zu machen. Gegensätzlich zu dieser Intention arbeitet der aktuell wirksame neurobiologisch fundierte Reduktionismus innerhalb der psychiatrischen Wissenschaften. Im Verlauf der letzten Dekade des 20. Jahrhunderts hat eine expandierende Forschungsaktivität der Neurowissenschaften zu einer unübersehbaren Fülle von Publikationen geführt, die neurobiologische Hypothesen zu komplexen Bereichen des normalen und abweichenden/pathologischen Verhaltens prüften. Diese Arbeiten haben zwar für das Gebiet der Kinder- und Jugendpsychiatrie keine substanziellen Erkenntnisse liefern können, haben aber dennoch zur Herausbildung einer vorherrschenden öffentlichen Meinung beigetragen, die – in Begriffen der Synergetik (Haken 1995) – mit der Wirkungsspezifität eines Ordners die Meinungsbildung einzelner Wissenschaftler und Laien zu versklaven droht.

3.2 Das ADHS-Konstrukt

Ein an der Praxis orientiertes Buch über die Psychotherapie von Kindern und Jugendlichen muss sich mit der klinischen Diagnose ADHS (Aufmerksamkeitsdefizit/Hyperaktivitätsstörung) auseinander setzen. Die wissenschaftlich definierten Diagnosekriterien weisen ein niedriges Skalenniveau auf, weshalb einerseits die Klage geführt werden kann, ADHS-Fälle würden zu häufig übersehen, andererseits Fachleute und Laien sich zu häufig dazu veranlasst sehen, diese Störung auch dann zu erkennen, wenn das definierte Kriterienmuster gar nicht besteht. Offensichtlich neigt eine aktuelle Zeitströmung dazu, angesichts komplexer kindlicher Verhaltensschwierigkeiten eher zu der Reduktion auf die vier Buchstaben A, D, H und S zurückzugreifen, als zumindest auf individueller Ebene differenzialdiagnostische Einordnungen vorzunehmen oder gar einen familiendiagnostischen Blick zu versuchen. Gerade für Leser und Leserinnen aus psychosozialen Berufen, die nicht über einen Rezeptblock verfügen, ist es angesichts des Dominanzanspruches neurobiologischer Hypothesen und Positionen von großer Bedeutung, über den diesbezüglichen wissenschaftlichen Kenntnisstand orientiert zu sein und sich damit des fortbestehenden Wertes ihrer Arbeitsschwerpunkte und Kompetenzen zu versichern.

Gegenwärtig gibt es schätzungsweise zehn Millionen Kinder, bei denen die Diagnose „Aufmerksamkeitsstörung mit oder ohne Hyperaktivität" gestellt worden ist und die mit Ritalin® oder einem der inzwischen auf dem Markt gekommenen anderen Amphetamin-Präparate behandelt werden. Diese Kinder leben fast ausschließlich in Amerika und Europa. Nach der gegenwärtig vorherrschenden Meinung ist ein genetisch bedingter organischer Defekt im Gehirn dieser Kinder für die als ADHS bezeichnete Erkrankung verantwortlich, und es wird davon ausgegangen, dass 2 bis 5 % aller Kinder mit diesem genetischen Defekt auf die Welt kommen. Mit Amphetaminen behandelt werden in den westlichen Ländern gegenwärtig nur etwa die Hälfte der betroffenen Kinder und im Rest der Welt sogar nur ein minimaler Anteil. Wenn der bisherige Trend anhält, müssten in der westlichen Welt nicht nur zehn, sondern 20, im Rest der Welt gar einige 100 Millionen Kinder täglich mit Ritalin® behandelt werden. Wer diesen Weg weiterbeschreiten will, muss schon sehr sicher sein, dass das der Klassifikation und der Behandlung zugrunde liegende medizinische Konzept auch wirklich stimmt. Deshalb sind kritische Fragen und begründete Zweifel nicht nur berechtigt, sondern zwingend geboten. Schließlich stammt dieses Konzept aus dem vorigen Jahrhundert und ist nicht viel mehr als ein in sich geschlossener Argumentationsring, der auf Vorstellungen und Annahmen beruht, die damals noch als allgemein gültig betrachtet worden sind.

Dennoch hat sich dieser Argumentationsring bisher als außerordentlich stabil erweisen. Er wurde bestimmend für das, was in der klinischen Praxis, in Forschungseinrichtungen, in Pharmaunternehmen, in Universitäten, auf Kongressen und Schulungen und nicht zuletzt in den Medien geschah. Nichts, was sich entwickelt, kann jedoch ewig so bleiben, wie es einmal geworden ist. Das gilt auch und vor allem für all die vielen Theorien, die immer wieder aufgestellt werden, um die Ursachen bestimmter Fehlentwicklungen zu erklären. Immer wieder kommt neues Wissen dazu, das nicht mehr in die alte Argumentationskette passt, das erst einzelne Glieder und schließlich den ganzen Ring lockert, erweitert und so lange umgestaltet, bis auch dieses neue Wissen und diese neuen Erkenntnisse vollständig integrierbar sind. Was die bisher vertretenen Vorstellungen über die Ursachen von ADHS und die Wirkungen der Ritalinbehandlung angeht, sind wir heute genau an diesem Punkt angekommen. Der Graben zwischen den Fronten beginnt allmählich überbrückbar zu werden.

Unruhige, zappelige Kinder, denen es schwer fällt, ihre Impulsivität unter Kontrolle zu bringen und sich aufmerksam auf eine Sache zu konzentrieren, gibt es nicht erst, seit Heinrich Hoffmann seine Geschichte vom Zappelphilipp geschrieben hat. Auch die Probleme, die diese Kinder ihren Eltern und Erziehern bereiten, sind nicht neu. Wir können heute nur ahnen, wie es Adam und Eva als Eltern ergangen sein mag, bevor ihr Sohn Kain in einem Impulsdurchbruch seinen Bruder Abel erschlug, oder dem Lehrer des antiken Sagenhelden Herakles, bevor er von seinem hoch begabten, hyperaktiven und zu effektiver Selbstkontrolle offenbar unfähigen Zögling im ungesteuerten Affektdurchbruch erschlagen wurde. Im Vergleich zu diesen Überlieferungen ist die Geschichte vom Zappelphilipp eher harmlos und unbedeutend. Und in der Tat hat sich ja auch über all die vergangenen Jahrhunderte niemand um die Nöte all der vielen Eltern von solchen „ganz gewöhnlichen" Zappelphilippen gekümmert. Weder die Seelsorger noch die Ärzte hatten eine klare Vorstellung davon, wieso manche Kinder solche Verhaltensstörungen entwickeln. Und da beide ebenso wenig wie die Eltern und Erzieher wussten, woher sie kamen und wie sie zu korrigieren waren, kümmerten sie sich auch nicht allzu sehr um dieses Phänomen. Erst zu Beginn des 19. Jahrhunderts bemerkte ein Mediziner, dass manche Kinder nach einer schweren Hirnentzündung auffällige Verhaltensweisen entwickelten: motorische Unruhe (Hyperaktivität), Konzentrationsschwierigkeiten (Aufmerksamkeitsstörungen) und mangelnde Selbstbeherrschung (Impulskontrollstörung). Auch dafür interessierte sich damals zunächst kaum jemand. Daran änderte sich auch dann noch nichts, als ein anderer Arzt kurz vor dem Zweiten Weltkrieg feststellte, dass sich die Verhaltensstörungen dieser Kinder deutlich verbesserten, nachdem er ihnen ein bestimmtes Medikament gegeben hatte. Das Medikament war ein Aufputschmittel aus der Gruppe der Amphetamine. Die durch diese Substanz bei diesen Kindern ausgelösten Effekte unterschieden sich diametral von den bereits damals gut bekannten stimulierenden und wach machenden Wirkungen, die Amphetamine normalerweise auslösen. Da es zunächst keine plausible Erklärung für diesen paradoxen Effekt gab, fand auch dieses Phänomen vorerst wenig Beachtung. Die Situation änderte sich erst nach dem Zweiten Weltkrieg, als die ersten Berichte über Substanzen auftauchten, die ganz erstaunliche Verbesserungen bei einigen neurologisch-psychiatrischen Erkrankungen auslösten. Vor allem die beeindruckende Wirkung von L-Dopa auf die motorischen Störungen von Parkinson-Patienten löste eine breit angelegte Suche nach immer neuen und immer besser wirksamen Medikamenten zur Behandlung psychischer Störungen aus. Nicht nur bei depressiven, schizophrenen und neurotischen Patienten, sondern auch bei Kindern und Jugendlichen mit dem so genannten Zappelphilipp-Syndrom wurde in den 50er- und 60er-Jahren so ziemlich alles ausprobiert, was nur irgendwie möglich und geeignet erschien. Mitte der 70er-Jahre zeichnete sich das ab, was noch heute gilt: Nichts wirkt so gut wie das seit Mitte der 50er-Jahre unter der Bezeichnung Ritalin® eingeführte Amphetamin Methylphenidat.

Über einen erfolgreichen Behandlungsversuch bei pädagogisch kaum beeinflussbaren hyperaktiven Kindern mit D-Amphetaminen berichtete erstmals Bradley (1937). Die Erfahrungen mit der Pharmakotherapie von hyperkinetischen Kindern und Erwachsenen mit Pemolin und Methylphenidat wurden von Wender (1976) zusammengefasst. In der Folgezeit wurden weitere, unterschiedliche pharmakotherapeutische Möglichkeiten untersucht, die jedoch nicht erfolgreicher waren. Zametkin et al. (1990) führten die bis dahin gewonnenen Vorstellungen zusammen und kamen zu dem Schluss, dass bei ADHS eine von der Norm abweichende Hirnstoffwechselstörung vorliege, die mit psychotherapeutischen bzw. heilpädagogischen Maßnahmen allein nicht behandelbar sei.

Dass diese Substanz wie alle anderen Amphetamine die Freisetzung eines bestimmten Botenstoffes im Gehirn (Dopamin) stimulierte, wusste man damals schon. Warum die Verabreichung von Ritalin® aber zu einer Verminderung der Hyperaktivität führte und die Aufmerksamkeit und Impulskontrolle betroffener Kinder verbesserte, konnte man nur vermuten: Wahrscheinlich wurde im Gehirn dieser Kinder normalerweise zu wenig Dopamin freigesetzt. Diese Vermutung passte jedoch nicht so recht zu der bis dahin verbreiteten Vorstellung, dass die bei diesen Kindern auftretenden Verhaltensstörungen die Folge einer durch Hirnentzündungen, Geburtstraumata oder anderer Einwirkungen bedingten Hirnschädigung, insbesondere im Bereich des Stirnhirns, waren. So wurde also noch einmal genau nachgeschaut und mit allen zur Verfügung stehenden Mitteln geprüft, ob eine solche Hirnschädigung auch tatsächlich bei allen Kindern mit diesem Störungsbild vorhanden war. Mitte der 80er-Jahre waren dann auch genug Kinder gefunden worden, die keinerlei Anzeichen einer Hirnverletzung oder Hirngewebsschädigung aufwiesen und trotzdem krankhaft zappelig, unaufmerksam und impulsiv waren. Damit war die alte Theorie einer Hirnschädigung, mit der sich die Ritalin-Wirkungen überhaupt nicht plausibel erklären ließen, vom Tisch. Übrig blieb die aus der Dopamin freisetzenden Wirkung von Amphetamin abgeleitete „Dopaminmangelhypothese". Sie wurde anschließend durch alle möglichen Untersuchungen an den betroffenen Kindern, an Tiermodellen und Zellkulturen geprüft, hier und dort modifiziert und erweitert, aber im Kern doch als richtig und zutreffend bewertet. Damit hatte die Verhaltensstörung endlich eine klar umschriebene Ursache (ein „Dopamindefizit" im Gehirn), die sich durch eine einfache Maßnahme (Verabreichung von Ritalin®) behandeln ließ. Das Störungsbild wurde in den Katalog der anerkannten Erkrankungen aufgenommen und konnte fortan auf der Grundlage der dort festgelegten diagnostischen Kriterien und Behandlungsrichtlinien therapiert (und gegenüber den Krankenkassen abgerechnet) werden.

Seitdem bemühen sich Forscher und Kliniker intensiv und mithilfe neurochemischer, elektrophysiologischer, molekularbiologischer und bildgebender Verfahren, ADHS-spezifische organische, d. h. neurobiologische Veränderungen im Gehirn von Kindern nachzuweisen, die diese Verhaltensstörungen zeigen. Bisher ist das sichtbarste Resultat dieser Bemühungen eine kaum noch überschaubare Zahl von Arbeiten, in denen über bestimmte bei ADHS-Patienten gefundene Veränderungen einzelner neurobiologischer Parameter berichtet wird. Viele Autoren sind beim Abfassen ihrer Berichte der Versuchung erlegen – und suggerieren dem unbefangenen Leser, dass es möglich ist –, einen ursächlichen Zusammenhang zwischen den gefundenen neurobiologischen Veränderungen und den auf der Verhaltensebene beobachtbaren Symptomen herzustellen. So wird nicht nur der Eindruck erweckt, als seien die Ursachen dieser Störungen – und damit der für diese Störungen verantwortlichen Erkrankung – in Form objektiv messbarer Veränderungen der Arbeitsweise des Gehirns der betreffenden Patienten bekannt. Es wird auch die Vorstellung geweckt und verbreitet, dass es nur durch eine biologische (pharmakologische) Korrektur dieser neurobiologischen Störungen möglich sei, die bei diesen Patienten auftretenden Verhaltensstörungen zu beseitigen. Da durch Verabreichung von Methylphenidat (Ritalin®) eine medikamentöse Therapie zur Verfügung stand, um die Verhaltensstörungen zu normalisieren, schloss sich die Argumentationskette zu einem festen Ring, der inzwischen nur noch schwer aufzubrechen ist. Das gegenwärtig von der Mehrzahl „biologisch" orientierter Kinder- und Jugendpsychiater vertretene Erklärungsmodell für ADHS führt die Leitsymptomatik (Hyperkinese, Aufmerksamkeitsdefizit, mangelnde Impulskontrolle) zunächst auf eine gestörte Steuerung und Kontrolle zielgerichteter und/oder flexibler Verhaltensreaktionen, vor allem kognitiver und motorischer Prozesse, zurück („defizitäre Verhaltensinhibition"). Hierfür wird eine Dysfunktion frontokortikaler und striataler Regelsysteme verantwortlich gemacht, die sich als Inhibitionsdefizit kognitiver und motorischer Verarbeitungsprozesse äußert und mit Störungen frontalhirnsensitiver exekutiver Funktionen einhergeht. Verantwortlich hierfür, so wird weiter argumentiert, sei eine verminderte Aktivität bzw. eine defizitäre Ausbildung des dopaminergen Systems oder eine an den dopaminergen Präsynapsen stattfindende Verminderung der Dopamin-Ausschüttung (Rezeptordefekte) bzw. eine Verstärkung der Dopamin-Wiederaufnahme (Transporterdefekte). Diese Veränderungen führen, so wird weiter geschlossen, zu einer mangelhaften Freisetzung (oder zu rascher Rückresorption) von Dopamin im Kortex (mesocorticales dopaminerges System, beteiligt an der Regulation von motorischer Aktivität, Neugier und der Entwicklung von Handlungsstrategien), in limbischen Hirnregionen (mesolimbisches dopaminerges System, beteiligt an der Regulation von Motivation und Emotionalität) sowie im Striatum (nigrostriatales dopaminerges System, beteiligt an der Regulation von Aufmerksamkeit, Reaktionsbereitschaft und Motorik). Als letztlich „biologische" Ursache dieser unzureichenden dopaminergen Aktivität wird ein genetischer Defekt (eines Dopaminrezeptor- oder Dopamin-Transportergens) vermutet. Da dieser Defekt (noch) nicht behoben werden könne, so wird weiter argumentiert, bleibe also keine andere Möglichkeit, als die defizitäre Dopamin-Ausschüttung durch Verabreichung eines Medikamentes zu korrigieren, das die Freisetzung von Dopamin stimuliert und seine Wiederaufnahme hemmt. Und genau das macht Methylphenidat, also Ritalin®. Das heute als ADHS bezeichnete Syndrom wurde in der wissenschaftlichen Literatur erstmals als eine Verhaltensstörung beschrieben, die beim so genannten Still-Syndrom, einer rheumatischen Erkrankung im Kindesalter, auftrat. Bereits damals wurde eine organische Basis der für dieses Störungsbild typischen Schlüsselsymptome Überaktivität, Aufmerksamkeitsdefizit und mangelnde Impulskontrolle vermutet (Still 1902). Begriffe wie postenzephalitische Verhaltensstörungen, „Minimal Brain Damage", „Minimal Cerebral Dysfunktion (MCD)" und „psychoorganisches Syndrom" wurden im Weiteren verwendet, um die vermutete hirnorganische Ursache dieser Verhaltensstörungen zu beschreiben. Unterstützt wurde dieses Konzept durch die Beobachtung ähnlicher Symptome bei Patienten mit Frontalhirnläsionen. Später stellte sich jedoch heraus, dass es sich bei der MCD um keine klar abgrenzbare Krankheitsentität handelt (Laucht et al. 1986) und dass die Verhaltensstörung auch bei Kindern auftrat, bei denen es keinerlei Hinweise auf hirnorganische Veränderungen gab. Deshalb wurde die Bezeichnung ADHS in das *Diagnostic and Statistical Manual of Mental Disorders* (DSM-IV) unter Verzicht auf die Annahme struktureller Hirnveränderungen, aber mit der Forderung nach Entwicklung objektiver Verfahren zur Absicherung der Validität der ADHS-Kriterien aufgenommen.

3.2.1 Aufmerksamkeit, Wahrnehmung und moderne Kultur

In jüngster Zeit haben sich zwei amerikanische Autoren mit gesellschaftlichen Bezügen des Aufmerksamkeitsdiskurses befasst: Crary (2001) verdeutlicht als Kunsthistoriker, wie angesichts eines philosophischen Problems in der westlichen Kultur die Fokussierung auf die menschlichen Aufmerksamkeitsleistungen eine epistemologische Lücke schließen soll. DeGrandpre (2002) zeigt aus seiner psychologischen Perspektive auf, wie eine auf Schnelligkeit der Wahrnehmungs- und Handlungsabläufe ausgerichtete Gesellschaft ihre Stimulationsabhängigkeit durch den Gebrauch von Methyphenidat (Ritalin®, Medikinet®) beantwortet.

Crary hat sich vor der oben zitierten Publikation bereits seit den späten 80er-Jahren mit dem Problem der Aufmerksamkeit beschäftigt. Hier sollen einige seiner zentralen Hypothesen und kulturhistorischen Analyseergebnisse dargestellt werden.

Laut Crary verlangt die westliche Moderne seit dem 19. Jahrhundert von den Individuen, sich i. S. eines Aufmerksamkeitsvermögens zu definieren und zu formen: sich auf eine begrenzte Anzahl isolierter Reize konzentrieren zu können. Die Gesellschaft definierte und diagnostizierte ihre gewaltige soziale Krise der subjektiven Desintegration in dieser Zeit als Versagen der Aufmerksamkeit, die zusammen mit den Vorstellungen von Wahrnehmungsprozessen durch neue Technologien (z. B. die Bildprojektion) transformiert wurde. Crary spricht von einer spektakulären Kultur, die Strategien entwickelte, die Individuen zu separieren und ihre Zeitabläufe in einem Zustand der Ohnmacht erleben zu lassen. Zugleich treten als Gegenformen der Aufmerksamkeit Trance und Wachtraum in ein Zentrum der Betrachtung, die er als andersartig bezüglich Temporalität und kognitivem Zustand benennt.

Die Reflexionen über Sehen und Wahrnehmung treten in den Dienst eines Machtinteresses, das über die Feststellung des Funktionierens der Wahrnehmung ein Subjekt definiert, das lenkbar, kalkulierbar, anpassungsfähig und sozial integriert ist. Ohnehin bestehende Begrenzungen des menschlichen Aufmerksamkeitsvermögens verwischen die Trennlinien zwischen einerseits neu benannten Pathologien der Aufmerksamkeit und andererseits Phänomenen der Kreativität, tiefer Versunkenheit und dem Wachtraum. Das als Aufmerksamkeit definierte Verhalten wird ein Instrument der Kontrolle und Vereinnahmung des Individuums durch externe Instanzen. Wahrnehmung und Moderne treten in eine Wechselbeziehung. Als nach 1810 die Idee des subjektiven Sehens aufkommt und somit verdeutlicht, dass die Erfahrung eher von der Funktion des sensorischen Apparates und weniger von der Natur des externen Reizes abhängig ist, beginnt die Psychophysik, Sinneseindrücke messbar zu machen, und zugleich werden neue Maschinen erfunden, die differente Aufmerksamkeitsleistungen verlangen oder neue Wahrnehmungsmöglichkeiten eröffnen (Stereoskop; später bewegte Bilder).

Im späten 19. Jahrhundert entwickeln sich ein disziplinäres Regime der Aufmerksamkeit und zugleich ein wachsendes Maß an sensorischem Input aus dem sozialen, urbanen, psychischen und materiellen Feld. Eine endlose Abfolge von neuen Produkten, Reizquellen und Informationsströmen zwingt die Fähigkeiten von Aufmerksamkeit über neue Schwellen. Die Definition eines Subjektes über sein Aufmerksamkeitsvermögen entdeckt auch das Subjekt, das sich solchen Imperativen entzieht. Nach dem Zusammenbruch der kantschen Kategorie des A priori – so Crary –, das als ursprüngliches und synthetisches Vereinheitlichungsprinzip vor dem Überwältigtwerden durch das „Gewühle von Erscheinungen unserer Seele" schützen soll, bleibt als epistemologisches Dilemma der Moderne, innerhalb von Fragmentierung und Atomisierung eines kognitiven Feldes zugleich die Synthese zu finden, nach allgemeinen Gesetzen jenseits aller Sinneserfahrung die Erscheinungen unserer Seele zu verknüpfen. Es stellt sich als bleibendes Problem, ob und wie wir die Wirklichkeit durch psychisches Vermögen mittels Synthese oder Assoziation aufrechterhalten können. Die akademische Psychologie im ausgehenden 19. Jahrhundert (Külpe 1893, S. 219) schreibt der seelischen Normalität die Fähigkeit zu, Wahrnehmungen synthetisch zu verbinden, um drohende Bewusstseinsspaltung oder das oben genannte „Gewühle von Erscheinungen" abzuwehren. Crary zitiert den amerikanischen Psychologen G. T. Ladd, der 1887 auf die „Unzulänglichkeit des Retinalen" hinweist: Nachlassende Aufmerksamkeit führe zur Uneindeutigkeit der Interpretation der Netzhautbilder, während erst die verstärkte Aufmerksamkeit die Illusion zerstöre. Unser Schema, aus dem wir durch Assoziation und Reproduktion unsere sinnlichen Wahrnehmungen aufbauen, sei mangelhaft.

Weitere Zitate aus psychologischen Werken dieser Zeit vermitteln, welch zentrale Rolle dem Aufmerksamkeitsbegriff bereits damals zugeschrieben wurde: Versagen der Aufmerksamkeit führe zu soziopathischem Verhalten, während mittels der Aufmerksamkeit die Verteidigung gegen alle potenziell zersetzenden Formen freier Assoziation gelinge (Nordau 1892); ohne Aufmerksamkeit trete bedeutungslose Träumerei an die Stelle kohärenten Denkens (Cappie 1886). Aufmerksamkeit wurde zu einer ungenauen Bezeichnung für die relative Fähigkeit eines Subjektes, gewisse Inhalte eines sensorischen Feldes auf Kosten anderer aus Interesse an einer geordneten und produktiven Welt selektiv zu isolieren (Crary 2001, S. 25). In der zweiten Hälfte des 19. Jahrhunderts versuchen die Humanwissenschaften entsprechend deren zunehmenden Bedeutungszuschreibungen weitere Definitionen der Aufmerksamkeit: als Zustand, in dem sich das Bewusstsein aktiv auf eine sensorische Veränderung richtet und der Auswirkungen auf jede Grundform geistiger Aktivität hat - unentbehrlich für den Erwerb von Wissen, die Kontrolle der Leidenschaften und Gefühle und für die Steuerung des Verhaltens. Es erfolgt eine Häufung von widersprüchlichen Behauptungen zur Erklärung von Aufmerksamkeit, die bereits zwischen 1875 und 1900 eine zentrale Rolle bei der Erforschung der Wahrnehmungsleistungen einnimmt. Die Pathologie einer als normativ angenommenen Aufmerksamkeit war wesentlicher Bestandteil der Arbeiten von Charcot, Binet und Ribot und veranlasste laut Crary Sigmund Freud zur Hinwendung zu neuen psychischen Modellen.

Richard DeGrandpre (2002), Psychologe und Psychopharmakologe, setzt die kulturhistorischen Betrachtungen über die Voraussetzungen unserer Wahrnehmungsprozesse seit Beginn des 19. Jahrhunderts durch Crary fort und sieht eine erste Erklärung für die breit gestreute Stimulationsabhängigkeit von Erwachsenen, Jugendlichen und Kindern in der kontinuierlich gewachsenen Beschleunigung der Alltagsprozesse. Die technische Entwicklung ermöglicht mittels Vereinfachungen – z. B. Mischbatterien für kaltes und warmes Wasser – und neuer komplexer Erfindungen – z. B. immer schneller arbeitenden Rechnern – Zeitersparnisse. Korrespondierend zu dieser Tempobeschleunigung entwickeln wir Wahrnehmungs- und Handlungsgeschwindigkeiten, mit deren Hilfe wir uns die angebotene Zeitersparnis erst nutzbar machen können. An die schnelle Abfolge wahrzunehmender Ereignisse gewöhnt, geraten wir in die stets reaktionsbereite Verfassung, auf dem Sprung zu sein. Wir werden Mitglieder einer *Rapid-Fire-Culture* (im Titel der amerikanischen Originalausgabe). Pausen, also solche Zeiten, die uns weniger herausfordern, weniger Stimuli für unser Nervensystem beinhalten, scheinen uns eher zu beunruhigen und können bei stimulationsabhängig gewordenen Kindern die ADHS-Symptomatik mit Hyperaktivität und Suche nach Stimulation hervorrufen. Hier leistet die Einnahme von Stimulanzien ihren Dienst, indem sie intern für Impulse sorgt, die dem Individuum gerade nicht von außen geboten werden oder verfügbar sind.

3.2.2 Aktuelle neurobiologische Befunde

Die neueren Befunde über die nutzungsabhängige Plastizität unseres Gehirns machen wahrscheinlich, dass die klinisch beobachtbare Stimulationsabhängigkeit ein neurobiologisches Korrelat haben könnte: die verstärkte Ausprägung des dopaminergen Systems (Hüther 1999; Hüther u. Bonney 2002; Spitzer 2002). Der wohl am besten und auch mehrfach abgesicherte Hinweis auf eine Veränderung des dopaminergen Systems bei ADHS-Patienten ist eine unerwartet deutliche Zunahme der Dichte von Dopamin-Transportern (Dougherty et al. 1999). Da diese Transporter für die Wiederaufnahme des ausgeschütteten Dopamins zuständig sind, so der einfache, von der „Dopaminmangelhypothese" geleitete Interpretationsversuch, müsse die verstärkte Expression von Dopamintransportern dazu führen, dass das ausgeschüttete Dopamin rascher als normalerweise in die dopaminergen Präsynapsen zurücktransportiert wird und damit extrazellulär im Gehirn von ADHS-Patienten zu wenig Dopamin verfügbar ist.

Die verstärkte Dichte von Dopamin-Transportern kann jedoch ebenso gut auch Ausdruck einer erhöhten dopaminergen Innervationsdichte in den Zielgebieten dopaminerger Projektionen sein (PET- und SPECT-Messungen funktionieren bisher nur dort, wo diese Innervation am dichtesten ist, also im Striatum). Dann freilich würden immer, wenn die dopaminergen Kerngebiete feuern (und das tun sie immer dann, wenn etwas Neues, Anregendes, bisher noch nicht Dagewesenes wahrgenommen wird), mehr dopaminerge Präsynapsen ihr Dopamin in dem jeweiligen Zielgebiet freisetzen. Noch ein weiteres Argument spricht dafür, die mit bildgebenden Verfahren festgestellte Erhöhung der Dopamin-Transporterdichte im Striatum von ADHS-Patienten als Ausdruck einer verstärkten Ausprägung des dopaminergen Projektionsbaumes und einer erhöhten Dichte dopaminerger Präsynapsen in den betreffenden Zielgebieten zu bewerten: Neurochemiker benutzen Messungen der Dichte präsynaptisch lokalisierter Transporter bereits seit langem recht erfolgreich, um anhand festgestellter Veränderungen dieses „Markers" Aussagen über Veränderungen der monoaminergen Innervationsdichte in einer bestimmten Hirnregion zu machen, beispielsweise zur Untersuchung des Einflusses pharmakologischer Behandlungen (Wegerer et al. 1999, Moll et al. 2001) oder zur Erstellung von Entwicklungsprofilen (Moll et al. 2000). Dabei ist nicht nur deutlich geworden, dass bestimmte Behandlungen die Ausreifung des dopaminergen Systems beeinflussen können, sondern dass die dopaminerge Innervation (hier des Striatums von Ratten) bis zur Pubertät enorm ansteigt und anschließend kontinuierlich bis zum Erreichen der Altersgrenze abfällt. Diese bemerkenswerte Dynamik bei der Ausreifung dieses Systems (das noradrenerge und serotonerge System zeigen demgegenüber nur geringe Veränderungen im Entwicklungsverlauf) legt die Vermutung nahe, dass die dopaminerge Innervation in einzelnen Zielgebieten während der Phase dieses schnellen Wachstums besonders leicht durch äußere Faktoren beeinflussbar ist (Phase erhöhter Vulnerabilität). Tatsächlich existieren bereits tierexperimentelle Befunde, die auf eine verstärkte Ausbildung der dopaminergen mesokortikalen Projektionen durch „stimulierende" Aufzuchtbedingungen bzw. auf eine retardierte Ausreifung dieses Systems durch „deprivierende" Entwicklungsbedingungen hindeuten (Winterfeld et al. 1998). Wie bei allen Entwicklungsprozessen sind auch für die Geschwindigkeit, mit der sich das dopaminerge System ausbreitet, und für die Innervationsdichte, die es in seinen Zielgebieten erreicht, genetische Prädispositionen von Bedeutung. So zeichnet sich beispielsweise eine Rattenaufzuchtlinie (SPR, spontan hypertensive Ratten), die als Tiermodell für Versuche mit hyperkinetischen Störungen verwendet wird, durch eine bereits nach dem Abstillen nachweisbare vermehrte Dichte von Dopamintransportern (dopaminergen Präsynapsen) im Striatum aus, die bis in Erwachsenenstadium erhalten bleibt (Hüther et al., unveröffentlichte Befunde).

Auf der Grundlage der in zwischen hinzugekommen neueren Befunde und der dadurch möglich gewordenen Neubewertung bereits vorhandener Resultate lässt sich auch eine neue Modellvorstellung des Prozesses entwerfen, der zur Ausbildung einer Symptomatik führt, die gegenwärtig als Krankheitsentität verstanden und als ADHS bezeichnet wird. Im Gegensatz zu der bisher verwendeten, inzwischen aber recht fragwürdig gewordenen Argumentationskette zeichnet sich dieses neue Denkmodell dadurch aus, dass es den gegenwärtigen Erkenntnisstand nicht nur auf dem Gebiet der neurobiologischen ADHS-Forschung, sondern auch dem der Entwicklungsbiologie und Entwicklungspsychologie entspricht und sich daraus ableiten lässt. Dieses Modell geht davon aus, dass es Kinder gibt, die bereits als Neugeborene und während ihrer Kleinkindphase erheblich wacher, aufgeweckter, neugieriger und leichter stimulierbar oder einfach nur empfindlicher, „dünnhäutiger" und „unruhiger" sind als andere. Weshalb das so ist, ob diese Kinder zum Zeitpunkt ihrer Geburt bereits ein stärker ausgebildetes dopaminerges ihren Antrieb verstärkendes System besitzen, ob dieses Merkmal genetisch bedingt oder erst während der intrauterinen oder frühen postnatalen Entwicklung entstanden ist, kann zunächst offen bleiben. Wichtiger als diese mitgebrachte besondere „Begabung" ist das, was das Kind im weiteren Verlauf seiner Entwicklung während der ersten Lebensjahre daraus macht bzw. machen muss. Da die weitere Ausreifung des dopaminergen Projektionsbaumes offenbar davon abhängt, wie häufig das dopaminerge System durch die Wahrnehmung jeweils neuer Stimuli aktiviert wird, laufen Kinder, die mit dieser besonderen Wachheit und Stimulierbarkeit in unsere Welt hineinwachsen, allzu leicht Gefahr, in einen Teufelskreis zu geraten:

Da sie bereits besonders unruhig und allzu leicht durch neue Reize stimulierbar sind, wird ihr dopaminerges System wesentlich häufiger als das von anderen, „normalen" Kindern aktiviert und zu verstärktem Auswachsen seiner axonalen Fortsätze angeregt. Weil sich ihr dopaminerges antriebssteuerndes System so immer besser entwickelt und damit auch wirkungsvoller arbeitet, lassen sich diese Kinder immer leichter durch alle möglichen neuartigen Reize stimulieren und anregen. Gelingt es jetzt nicht, diesen Teufelskreis zu durchbrechen, so ist es nur noch eine Frage der Zeit, wann ein derartiges Kind durch seinen überstarken Antrieb, seine enorme innere Unruhe, seine ständige Suche nach neuen Stimuli, also durch seine Ablenkbarkeit und mangelnde Konzentrationsfähigkeit, auffällig wird. Aus sich selbst heraus ist ein solches Kind außerstande, seinen überstarken Antrieb zu kontrollieren, es muss gewissermaßen ständig herumzappeln und ständig Neues entdecken und sich darüber begeistern, anstatt sich auf eine Sache zu konzentrieren. Und es wird nun auch zunehmend zu einer Belastung für Spielgefährten, die es ablehnen, für Eltern und Erzieher, die nicht damit umgehen können und seine weitere Entwicklung (spätestens mit dem Schuleintritt) gefährdet sehen.

So gerät das Kind zwangsläufig in einen zweiten Teufelskreis: Durch die besonders häufige und intensive Nutzung der in seinem Gehirn angelegten und für die Steuerung seiner ungerichteten Motorik, seiner unselektiven Wahrnehmung und seiner ungezielten Aufmerksamkeit zuständigen Nervenzellverschaltungen sind diese komplexen Verschaltungsmuster im Laufe der Zeit immer besser, immer effektiver – und andere, weniger intensiv benutzte neuronale Verschaltungen, das sind vor allem die für die Fokussierung der Aufmerksamkeit und Impulskontrolle zuständigen Nervenbahnen im Frontallappen, entsprechend weniger stark – entwickelt und ausgebaut worden. Wenn das Kind nun durch sein Verhalten zunehmend in psychosoziale Konflikte gerät und emotional verunsichert wird, kommt es im Zuge der dadurch ausgelösten Stressreaktion zu einer vermehrten Ausschüttung von bestimmten Transmittern und Hormonen, die ihrerseits nun noch zusätzlich dazu beitragen, diejenigen neuronalen Verschaltungen und synaptischen Verbindungen zu stabilisieren und zu bahnen, die das Kind zur Wiederherstellung seines emotionalen Gleichgewichtes aktiviert. Versucht es das durch Zappeln, so wird es zu einem immer „besseren" Zappelphilipp. Versucht es das durch Stören, wird es zu einem immer „besseren" Störenfried und entwickelt sich zu einem ungeliebten Außenseiter. Versucht es das durch Weghören, wird es zunächst auf einem, womöglich gar auf beiden Ohren „taub". Die Stimulanziengabe wirkt dann als Ersatz für die Autostimulation, die als störendes Verhaltensinventar beseitigt werden soll.

3.2.3 ADHS-Konstellation

Angesichts geringer klinischer Nützlichkeit einer ADHS-Diagnose, die bisher nur auf niedrigem Skalenniveau zu stellen ist und bezüglich ihrer Validität in jüngster Zeit erneut infrage gestellt wurde (Carey 2002), aber in Anerkennung erheblicher Verhaltens- und Beziehungsschwierigkeiten bei ca. 3–5 % unserer Grundschulkinder, die nach einer therapeutischen Antwort verlangen, schlage ich vor, von einer ADHS-Konstellation zu sprechen, die man etwas folgendermaßen fassen könnte (Bonney 2001):

1. Ein Grundschulkind wird in Übereinstimmung mit dem DSM-IV/ICD-10 durch Ärzte/Psychologen/Lehrer mit dem ADHS-Attribut belegt.
2. Die Fachleute orientieren sich an dem vermuteten Dopamin-Defizit und erkennen ADHS als möglicherweise genetisch vermittelte Krankheit an.
3. Die Schule als Organ der „Schnellfeuer-Kultur" (DeGrandpre 2002) drängt auf die Diagnose der durch sie anerkannten

Krankheit ADHS, verlangt aber die unverzügliche (Wieder-) Herstellung passenden Verhaltens des Kindes, ohne einem denkbaren Heilungsprozess die nötige Zeit zu lassen.

Der Anspruch der Kultur an die unverzügliche Anpassung des hyperaktiven Kindes muss seine Widersprüchlichkeit realisieren: Wenn ADHS als Krankheit anerkannt wird, müsste ihrem Heilungsprozess auch dafür eine Zeitstrecke eingeräumt werden. Ihr diese abzusprechen mutet aktionistisch, gewissermaßen hyperaktiv an und beinhaltet zumindest die Gefahr der unzureichenden Orientierung bezüglich der möglicherweise bestehenden Komplexität und der dazu passenden Antworten. Die Maskierung vielfältiger Problemkonstellationen hinter dem ADHS-Kürzel verhindert dann die Entwicklung passenderer Hilfestellung für Kind und Familie (Hüther u. Bonney 2002). Sie blendet das Kind aus, indem es mittels Stimulanzienverordnung unverzüglich „entstört" wird.

3.3 Entwicklung und Wachstum von Familien in systemischer Sicht

Die systemische Sichtweise hat bisher familienbezogene Entwicklungsaspekte eher vernachlässigt: Wie entwickeln sich Personen im Familienkontext, wie wandeln sich deren Rollen, und wie konstituieren und verändern sich die nennbaren Beziehungen im Verlauf des Lebenszyklus? Familien sind einfach da, und angesichts benannter Probleme (Problemsysteme) wird der systemische Therapeut zur Lösungsarbeit gerufen. Dieser gleichermaßen geschichtsarme Ansatz mag auch begründen, warum sich dieser im Gebiet der Kinderpsychiatrie, die in jüngster Zeit Entwicklungsaspekte bei der Konzeption von Psychopathologie und Therapie sehr betont, nur zögernd etabliert hat (Resch 1996; Herpertz-Dahlmann et al. 2002). Ferner wurden die Problemkonstellationen um gerade junge Kinder von der systemischen Therapie bisher nur wenig berücksichtigt, obwohl es auch unter präventiven Gesichtspunkten doch nahe liegen müsste, die sich eben erst entwickelnde Familie unter systemischem Blickwinkel verstehen zu lernen und von Anfang an mögliche Hilfestellungen zu konzipieren, bevor das Schlimme sich verfestigend etablieren könnte.

Zweifellos ist es ein Verdienst der Psychoanalyse, mit der Herausarbeitung der Kindheit auf die Berücksichtigung der seelischen

Bedürfnisse von Kindern durch die Gesellschaft hingewirkt und damit eine Voraussetzung zur Konzeption von Entwicklungspsychologie und -neurologie geschaffen zu haben. So wird die systemische Position gut daran tun darzulegen, wie ihr Verständnis der Systementwicklung von Familien konzipierbar ist. Die jüngst vorgelegte Forschungsarbeit von Fivaz-Depeursinge und Corboz-Warnery (2001) unternimmt im Schnittpunkt psychoanalytischer und systemischer Positionen einen solchen Versuch, der für das Säuglingsalter Gültigkeit beanspruchen darf und bereits für diesen Entwicklungszeitraum mit der Trilogkonzeption eine außerordentlich hohe und notwendige Komplexität aufzeigt. Von nicht zu unterschätzender Bedeutung dieser Forschungsgruppe ist ihre Leistung, in substanzieller Erweiterung der Konzeption des kompetenten Säuglings (Zusammenfassung bei Dornes 1993, 1997, 2000) experimentell belegt zu haben, mit welchen bis dahin weitgehend unbekannten Verhaltensweisen der noch sehr junge Säugling am Ende des Trimenons das innerfamiliäre und triadische Beziehungsgeschehen zu kommentieren und mitzugestalten fähig ist. Entsprechend müssen dem Therapeuten auch im Fall sehr junger Familienmitglieder solche in diesem Entwicklungsalter gegebene Äußerungsmodalitäten wahrnehmbar sein, die mit anderen Systemvariablen in Relation stehen (Ludewig 1992) oder synergetisch wirksam sind (Schiepek u. Strunk 1994). Kennt er sich nur mit den kommunikativen Ressourcen reiferer und sprachkompetenter Individuen aus, schränken sich somit seine Verstehens- und Interventionsmöglichkeiten erheblich ein.

3.4 Entwicklungspsychopathologie

Die international gültigen Glossare psychiatrischer Störungen – DSM-IV/ICD-10 – verzeichnen ausschließlich individuenbezogene diagnostische Begriffe, die auch im Falle von Auffälligkeiten bei Kindern und Jugendlichen weder deren Entwicklungsdynamik noch deren Relationen zu ihrer Familie berücksichtigen. Sie setzen damit körperliche Erkrankungen, die als aktuelle Eigenschaften gelten dürfen, solchen Aspekten der Verfassung gleich, die erst aus der individuellen und familiären Entwicklung heraus verstanden werden können oder Rückwirkungen auf diese haben. Ein körperlich gesundes zehnjähriges Kind, das nachts noch einnässt, zeigt nicht nur ein partiell kleinkindhaftes Verhaltenselement, sondern ist auch in den Möglichkeiten seiner autonomen Aktivitäten eingeschränkt, wenn es sich z. B. scheut, bei einem Freund zu übernachten, oder die Eltern das nicht zulassen, weil sie sich u. U. wegen dieser Schwierigkeit schämen. Familien- oder systemdiagnostische Verfahren (u. a. Olson 1986; Schiepek u. Strunk 1994; Cierpka 1996) haben indes noch wenig Verbreitung gefunden. Es ist ein Verdienst der in den letzten Jahren geschaffenen Entwicklungspsychopathologie (Resch 1996), die Deskription psychopathologisch bedeutsamen Verhaltens von Kindern in deren Entwicklungskontext zu stellen und dementsprechend zu bewerten. Grundlage dafür sind die Erkenntnisse der wissenschaftlichen Entwicklungspsychologie, die in linearer Weise die Meilensteine der motorischen, kognitiven und psychosozialen Kompetenzentwicklung beschreibt (s. u. a. Oerter et al. 1999).

Verhaltensmerkmale, die seitens der Kinder- und Jugendpsychiatrie als Symptombildungen oder Zeichen für definierte Störungsbilder gewertet werden, beeinträchtigen das altersentsprechend autonome Handlungsspektrum ebenso, wie auferlegte Einschränkungen der Autonomie ein kindliches Verhaltensspektrum zu provozieren in der Lage sind, dem dann Störungscharakter zukommt. So kann eine Angstsymptomatik den Aktionsradius eines Kindes erheblich einengen, sodass es z. B. die Schule nicht mehr zu besuchen vermag. Andererseits vermögen kohäsive innerfamiliäre Bindungsmodalitäten ein Kind an das Elternhaus zu fesseln und sein autonomes Kompetenzgefühl insoweit zu verringern, dass in ihm die Antizipation einer fremden Situation ein Angstgefühl hervorruft, das es zur Vermeidung dieser Situation stimuliert. Die Berücksichtigung der rekursiven Beziehung zwischen seelischer Gesundheit und autonomer Kompetenz, entsprechend zwischen seelischer Irritation und abhängigem Verhalten steht im Zentrum systemischer Therapie kinder- und jugendpsychiatrischer Störungen.

Eine systemische Entwicklungspsychopathologie wurde bisher indes nur ansatzweise und in engen Altersbezügen für das Säuglings- und Kleinkindalter versucht (Brisch 1999; Cierpka u. Cierpka 2000; Fivaz-Depeursinge u. Corboz-Warnery 2001; Papousek 1999; Thelen a. Smith 1994). Die Überwindung allein entwicklungsneurologischer und intraindividueller Ansätze der psychoanalytischen Forschung führte zur Neufassung dyadischer und triadischer Musterbeschreibungen. Der Vervollständigung und Ausdehnung dieser

Ansätze auf die Gesamtheit der psychischen Entwicklungsprozesse vorauseilend, hat in den letzten Jahren die konsequente Nutzung moderner Selbstorganisationstheorien für ein Verständnis der in Beratung und Psychotherapie ablaufenden Prozesse begonnen (s. u. a. Schiepek 1999). Der synergetische Blick ermöglicht die Loslösung von Annahmen über lineare Ursache-Wirkungs-Beziehungen, indem dem Miteinander der unüberschaubaren Relationen der Elemente in psychosozialen Systemen Raum gegeben wird.

3.5 Diagnostische Prozeduren/Familiendiagnostik: Klassische psychodiagnostische Verfahren und Systemmodellierung

Von einer Familiendiagnostik wird gefordert, Interaktionen und ihre Veränderungen zwischen den Familienmitgliedern und den Subsystemen zu untersuchen und zu beschreiben. Sie soll die Dynamik der Familie als systemisches Ganzes analysieren (Cierpka 1996). Nach Schiepek (1999) sollen Verfahren der systemischen Diagnostik nicht nur der Beschreibung und Modellbildung von Zuständen oder Prozessen, sondern, so weit möglich, auch als Reflexionsgrundlage und Kommunikationsanlass dienen.

Die meisten von beiden Autoren im Einzelnen genannten Verfahren wenden sich nicht an junge Kinder, sondern ermöglichen die Datenerhebung über die erwachsenen Familienmitglieder. In der systemischen Arbeit mit Kindern ist der Einsatz von in der Kinderpsychotherapie bewährten Gestaltungsaufgaben von hohem diagnostischem Wert. Allerdings werden die kindlichen Darstellungen nicht mit tiefenpsychologischem Verstehen als Pforte zur Erkenntnis kinderseelischer Wahrheit verwendet. Vielmehr richtet sich der Blick auf die in den Gestaltungsergebnissen vorwiegend nonverbal geäußerten kindlichen Mitteilungen über ihr Erleben des Beziehungsnetzes, die in den systemischen Hypothetisierungsprozess einfließen können. Wie bereits oben erwähnt, ist es auch jungen Kindern, die über eine gut entwickelte Sprachkompetenz verfügen, bisweilen recht schwer, auf Unterschiedsfragen überhaupt mit Worten zu antworten. Die Syntax von eingrenzenden Fragen nach Unterschieden wird oft als allzu sehr bestimmend und machtvoll erlebt. Dagegen lässt eine Gestaltungsaufgabe dem Kind die Wahl, wie und was es schließlich darstellen wird.

Neben den Aufforderungen, einen Menschen zu zeichnen, sind der Test „Verzauberte Familie" (Kos u. Biermann 1984) und der Sceno-Test (von Staabs 1985) zu nennen. Beide erlauben dem Kind nonverbale Gestaltungen, die u. a. Hypothesen über sein Erleben familiärer Beziehungen ermöglichen. Die damit erhobenen Daten sind dabei hilfreich, therapeutisch nützliche Verfahren der Modellbildung gemäß den von Schiepek (1999) formulierten Kriterien zu entwickeln. Die Anwendung der idiographischen Systemmodellierung bietet die Möglichkeit, analog zum Verfahren von Fivaz-Depeursinge (Fivaz-Depeursinge u. Corboz-Warnery 2001) im Einzelfall Wechselwirkungsdreiecke zu bezeichnen, die das Interagieren von Handlungen, nicht von Personen darstellen. Über den Nutzen solcher Systemanalyse für eine größere Stichprobe von Jugendlichen mit Anorexia nervosa wurde an anderer Stelle berichtet (Bonney 1998b).

4 Praxis

4.1 Begegnung und Sprechen mit Familien

In Ergänzung zu behandlungstechnischen Angaben in den vorliegenden Lehrbüchern der Familientherapie/Systemtherapie (u. a. Boscolo et. al. 1997; Ludewig 1992; von Schlippe und Schweitzer 1999) soll hier auf verschiedene Modalitäten des Umgangs mit Familien eingegangen werden, die sich um junge und ältere Kinder/Jugendliche sorgen und diese innerhalb von familientherapeutischen Sitzungen vorstellen. Grundsätzlich ergeht die Einladung zum Gespräch an die vollständige Familie. Wird im Vorfeld der Kontextklärung deutlich, dass die Eltern zunächst solche Probleme thematisieren wollen, die den Intimbereich der Erwachsenen betreffen, ist das Erstinterview mit dem Erwachsenensubsystem zu führen. Ebenso werden die Kinder zunächst nicht eingeladen, wenn abzusehen ist, dass die Eltern sich nicht dazu in der Lage sehen, die Problemdarstellung ohne Rücksicht auf die Verletzbarkeit ihrer Kinder vornehmen zu können, oder wenn sie dies nicht wollen oder gegenüber jungen Kindern eine Geheimhaltung beanspruchen, deren Bedeutung für das familiäre Geschehen zunächst zu prüfen ist. Tendieren die Eltern in Anwesenheit ihrer jungen Kinder dazu, ihren intimen Persönlichkeitsbereich nicht zu wahren, gegenüber den Kindern in entwertende Haltung zu geraten oder ihre sprachlichen Äußerungen im Modus der *high expressed emotions* vorzubringen, darf der Therapeut eine Pause vorschlagen, um die Eltern zu späterem Zeitpunkt im Erwachsenenkreise anzuhören.

Das systemisch geführte Familiengespräch nutzt die Chance, schon im Verlauf der Erstbegegnung einen Wandel (Keeney 1987) der Schwierigkeiten anzustoßen, die den Beratungsanlass darstellen (Bonney 1998a). Sobald geklärt ist, dass medizinische oder heilpädagogische Hilfestellungen nicht angezeigt sind oder nicht ausreichend sein werden, beginnt ein Informationen schöpfender (d. i. die Erhebung der anamnestischen Darstellung durch die Familienmitglieder) und diese erzeugender (d. i. die Addition neuer Daten mittels Unterschiedsfragen des Therapeuten) Interviewprozess (Penn 1982). Dieser Begegnungs- und Gesprächsrahmen verlangt vom Therapeuten eine gleichsam artistische Aufmerksamkeitsleistung, die ihm ermöglicht, die Fülle der verbalen und nonverbalen Botschaften der versammelten Familienmitglieder wahrzunehmen und für den fortlaufenden Prozess seiner Hypothesenbildung und -prüfung zu utilisieren.

Zugleich ist eine sprachliche Kunstfertigkeit gefordert, mit der es gelingt, nach Alter differenzierend die Sprache der einzelnen Familienmitglieder zu sprechen. Dazu kann es erforderlich sein, mit begleitenden Gesten (Körperhaltung, Blick, Handbewegungen) den Rapport zu Familienmitgliedern zu halten, die gerade nicht sprechen, über die gesprochen wird oder die Einladungen benötigen, im Kontakt zu bleiben, weil sie sich angegriffen fühlen oder langweilen. Wenn die Eltern unter hohem Druck stehen, ihre Klagen über kindliches Verhalten oder ihre Auffassungen von der psychopathologischen Bewertung des kindlichen Verhaltens vorzutragen, ist es ratsam, dieser Intention zunächst zu folgen, dann jedoch bei der ersten Gelegenheit auf positive Bewertungsmöglichkeiten zu fokussieren, um damit eine konstruktive Chance zum Kontakt mit dem „Sorgenkind" – namentlich dem Jugendlichen – zu eröffnen. Entsprechend ist zu verfahren, wenn die Eltern dazu neigen, sich gegenseitig anzuklagen und zugleich die Koalition mit dem Therapeuten suchen.

Jugendliche kommen in der Regel nicht auf eigene Veranlassung in die Familiensprechstunde. Sie fühlen sich durch die Eltern beurteilt, häufig angeklagt und/oder bezüglich ihrer Autonomiestrebungen brüskiert, will man sie einem Psychotherapeuten vorstellen. Sind sie einmal anwesend, ist es von Vorteil, sie – nach Rückversicherung bei den Eltern – zuerst anzusprechen und um die Darlegung ihrer Ausgangspunkte, Meinungen und Beurteilungen zu bitten. Einmal gesprächsbereit, erweisen sich Jugendliche in der Regel als feinsinnige Beobachter: überaus wachsam und gut informiert über die seelischen und sozialen Vorgänge innerhalb der Familie. Schon vor dem Erwerb der Lesefähigkeit verbunden mit jeder Informationsquelle unserer Gesellschaft, hat sich die beschützte Kindheit der

Jugendlichen verkürzt (Postman 1987). Dieser Prozess ermöglicht ihnen, wenn auch sehr früh im Lebenszyklus, eine fundierte Meinungsbildung und Übersicht, die es seitens der Erwachsenen nicht nur zu respektieren gilt, sondern die für den Fortgang des familientherapeutischen Geschehens von hohem Wert sind.

4.2 Eltern als Experten für das Wohl ihrer Kinder

Therapeutische Experten erfahren von jedwedem Problem zuerst mittels der geschriebenen oder verlautbarten Sprache. Eltern suchen Beratung und Therapie dann auf, wenn ihre eigenen Anstrengungen fruchtlos geblieben sind. Zuvor haben sie umfassende Erfahrungen mit ihrem Kind gemacht. Sie sind mit Informationen ausgestattet, waren vielleicht bereits bei anderen Stellen und haben in jedem Fall eigene Überlegungen zu möglichen Ursachen und hilfreichen Chancen angestellt. Sie kennen die gängigen Theorien, waren bei Ärzten, Beratern und in Vorträgen und haben in Büchern über die Probleme gelesen, für deren Lösung sie nun erneut Rat suchen. Den aufgesuchten Beratern werden neben Tatsachen diesen zugeschriebene Bedeutungen und diagnostischen Bezeichnungen angeboten. Wenn Eltern bei ihrem Kind über längere Zeit hinweg hohes Fieber feststellen, können sie für die notwendige medizinische Hilfe sorgen. Sie können mit einiger Sicherheit entscheiden, wann die Hausmittel nicht ausreichen und deshalb ein Arzt eine Diagnose stellen und die richtige Behandlung vorschlagen muss. Weitaus schwieriger gestaltet sich der Diagnose- und Behandlungsweg, wenn es um seelische Störungen geht. Zur umfassenden Information muss sich jeder Berater oder Therapeut zuerst auf die Angaben der Eltern stützen. Erst wenn die Eltern sich respektiert und verstanden fühlen, werden sie die vorgeschlagene Behandlungsweise unterstützen und zur Wirkung bringen. Das Problemsystem - Eltern mit Sorgen um ihr Kind - und das Helfersystem - die angerufenen professionellen Berater - treten in Kommunikationen, mit deren Hilfe ein spezifisches Hilfesystem hergestellt wird (Ludewig 1992). Alle Beteiligten bilden die Voraussetzungen für einen synergetischen Prozess, in dessen Ablauf sich eine Lösung zeigen soll, die das Hilfesystem schließlich überflüssig macht. Verlassen die Eltern als Teile des Problemsystems diesen Prozess, bleiben die Berater ohne Auftrag zurück.

Die Eltern, über Jahre in Erfahrung mit ihrem Kind, entscheiden, ob und wen sie wegen welchen Anlasses um Hilfe bitten. Sie berichten von dem problematischen Verhalten ihres Kindes und sind an der Entscheidung darüber beteiligt, wann und unter welchen Umständen das Beratungsziel als erreicht beurteilt werden soll. Namentlich bei jüngeren Kinder sind sie die Akteure, die entwickelte Lösungsideen zur Wirkung bringen. Im Verlauf der Therapie vervollständigen sie ihre Kompetenz und werden dazu in die Lage versetzt, bei später auftretenden Problemen als Erste tätig zu werden: Bis zum Beratungsbeginn waren sie bereits die Experten für das Wohl ihrer Kinder, unter der Beratung entwickeln sie ein vollständigeres Expertentum, und zum Ende des Beratungsprozesses werden sie als Experten mit nun noch erweiterter Kompetenz und Verantwortungsfähigkeit in ihre Privatsphäre entlassen. Ausnahmen davon geschehen nur dann, wenn sie sich - in selteneren Fällen - als adversiv gegenüber ihren Kindern zeigen und zur Kontrolle durch Jugendhilfeeinrichtungen auffordern. Die von therapeutischen Experten initiierte Lösungsarbeit hat dann die beste Wirkungsaussicht, wenn sich die Eltern von vornherein als Experten für ihre Kinder geschätzt erleben. Bisweilen zeigen sich Eltern daran interessiert, den Therapeuten die Verantwortlichkeit für ihre Kinder zu übertragen. Dieser Intention sollten wachsame Therapeuten begegnen und durch ihre Haltung und Sprachwahl ihre vergleichsweise geringe Bedeutung zum Ausdruck bringen. Systemisch versierte Therapeuten wissen nicht nur von ihrer Machtlosigkeit, sie rechnen auch mit nicht kalkulierbaren Selbstorganisationsprozessen, die zur Überraschung aller Beteiligten plötzlich eine Lösung aufscheinen lassen.

4.3 Regulationsstörungen im Säuglingsalter (F98.2 nach ICD-10-Klassifikation)

Regulationsstörungen im Säuglingsalter bedeuten eine Indikation des systemischen Ansatzes par excellence. Bei 15–25 % der gesunden Säuglings- und Kleinkinderpopulation treten verschiedene Bilder der gestörten Anpassung auf, die interaktiv als fehlgeleitete Regulationsprozesse zu deuten sind: exzessives Schreien, Störungen der Schlaf-wach-Regulation, Fütterstörungen, chronische Unruhe und exzessives Trotzverhalten. Diese Störungsbilder müssen im Zusammenhang mit phasentypischen Anpassungs- und Entwicklungsaufgaben verstanden werden, die Eltern und Kinder gemeinsam zu leisten haben. Dabei darf es nicht bei den notwendigen medizinischen und entwicklungspsychologischen Untersuchungen bleiben, sondern der Blick muss auf dysfunktionale Muster der Kommunikation zwischen Kind und Eltern fokussieren. Die besonderen Reaktionsweisen der Kinder bringen Eltern überdies häufig in eine Überforderungssituation. Für die kindliche Verhaltensregulation sind die vorsprachliche Kommunikation zwischen Kind und Eltern von größter Bedeutung. Die Entwicklung der autoregulatorischen Kompetenz des Kindes ist mittels der passenden Aufmerksamkeit und Unterstützung seitens der Eltern zu ermöglichen. Verhaltensauffälligkeiten im Säuglingsalter können nur im Zusammenhang mit dem Muster der Eltern-Kind-Beziehungen analysiert werden. Die Verhaltensweisen von Säuglingen und Eltern stehen in einer zirkulären Kausalität und sind am besten systemtheoretisch zu verstehen.

Die folgenden Verhaltensmerkmale werden unter der Rubrik Fütterstörung summiert: Nahrungsverweigerung, Rumination/Erbrechen, bizarre Essgewohnheiten hinsichtlich Art und Anzahl akzeptierter Nahrungsmittel, altersunangemessene Rahmenbedingungen der Fütterung, mundmotorische Fehlfunktionen und lange Dauer einzelner Mahlzeiten. Als Leitsymptome des exzessiven Schreiens sind zu nennen: unstillbare Schreiepisoden ohne erkennbare Ursache mit abendlicher Häufung, wobei das Schreien u. U. verbunden mit abdominellen Auffälligkeiten, Hautrötung und erhöhter Muskelspannung auftritt. Dieses Syndrom wurde bisher in der Kinderheilkunde als Trimenonkolik bezeichnet. Bei Säuglingen im ersten Trimenon sind Störungen der Schlaf-wach-Regulation häufig mit exzessivem Schreien verbunden. Schlafstörungen im engeren Sinne sind durch die über das zweite Trimenon hinaus bestehende Unfähigkeit des Kindes, ohne elterliche Unterstützung wieder in den Schlaf zu finden, charakterisiert.

Die systemische Therapie richtet sich u. a. auf die Korrektur der verzerrten elterlichen Wahrnehmung und Interpretation des kindlichen Verhaltens. Seelische Belastungen der Eltern können ihre intuitive Kompetenz erheblich einschränken. In solchen Fällen sind dezidierte Verhaltensanweisungen sinnvoll, die ein stabiles Muster des kommunikativen Geschehens zu entwickeln erlauben. Die einschlägige Forschung ist derzeit um die Klärung der Frage bemüht, ob und unter welchen Bedingungen frühkindliche Regulationsstörungen als Vorboten späterer Verhaltensstörungen aufzufassen sind, die sich dann als Lernschwierigkeiten oder Aufmerksamkeitsproblematik darstellen. Nach Auffassung von Papousek (2002) verdient in diesem Zusammenhang ein Syndrom chronischer kindlicher Unruhe Beachtung, das in sozialer Hinsicht als Spielunlust und permanente Einforderung von Stimulation durch die Umgebungspersonen auftritt. Eine bleibende Spielunlust verhindert die von der intrinsischen Motivation geleitete Erfahrung des selbst gesteuerten Lernens, der Fokussierung der Aufmerksamkeit, der zielorientierten Handlungssteuerung und Selbstwirksamkeit. Der sich so entwickelnden Stimulationsabhängigkeit könnte laut Hüther u. Bonney (2002) eine neuroplastische Wirkung auf die Ausprägung des dopaminergen Systems zukommen. Diese verstärkte Ausprägung würde dann den zweiten Bogen eines Teufelskreises bilden, der das Kind zur weiteren Einforderung von Stimulation veranlasst, da das ausgebildete System in eine vorrangige Funktion drängt. Die systemische Therapie hat in solchen Konstellationen u. a. die Aufgabe, der Spielunlust des Kindes zu begegnen und die Stimulationsanforderung an die Umgebungspersonen zu mindern bzw. überflüssig zu machen. Die erarbeiteten neurobiologischen Hypothesen lassen erwarten, dass mittels solchen systemischen Vorgehens der drohende Teufelskreis der Stimulationsabhängigkeit in einen „Engelskreis" (Papousek 2002) überführt werden kann.

4.4 Junge Kinder in der Familientherapie

Junge Kinder verfügen prinzipiell über eine hohe Kreativität und Kunstfertigkeit, Probleme zu lösen. Die kinderpsychiatrische Forschung hatte ca. 1980 damit begonnen, Kinder nicht nur als Opfer widriger Entwicklungsumstände zu sehen, sondern ihre generellen Kompetenzen vom Säuglingsalter an (Thelen a. Smith 1994) und spezifischen Bewältigungsstrategien gegenüber belastenden Lebensereignissen und -umständen zu beschreiben (u. a. Anthony a. Cohler 1987; Masten et al. 1999). Protektive Faktoren konnten einerseits in der sozialen Umgebung und innerhalb der Familie, andererseits als Fähigkeiten der Kinder identifiziert werden. Können Kinder ihre konstruktive und kreative Kompetenz in den Beratungsprozess mit einbringen, bedeutet das eine erhebliche Erleichterung für die Entwicklung neuer familiärer Organisation. Will man mit sehr jungen Kindern in Kontakt kommen, gilt für das Erstgespräch, zunächst von ihnen nichts zu wollen, u. U. sogar mit dem Aufbau eines Blickkontaktes äußerst zurückhaltend zu sein. Ihr Verhalten ist aus dem Augenwinkel zu registrieren, um wahrnehmen zu können, wann sie den ersten Schritt tun, der die aktive Kontaktaufnahme seitens des Therapeuten vorbereiten kann. Wenn Eltern bisweilen dazu neigen, ihre jungen Kinder in den Kontakt zum Therapeuten zu drängen („Sag mal, was du denkst!", „Du darfst alles sagen!"), bewährt es sich, diese mit einer vorsichtigen Handbewegung zu entspannen und sie damit der Geduld des Therapeuten und seiner Sicherheit anbietenden Abgrenzung von der Familie zu vergewissern.

Lösen sich junge (Grundschul-)Kinder im Gesprächsverlauf vorsichtig aus dem Kontakt mit den Eltern, indem sie zunächst mit ihrem Blick den Raum explorieren oder ihr Interesse an vorhandenem Spielmaterial zeigen, lassen sie sich gerne zu Zeichen- oder Gestaltungsaufgaben („Zeichne einen Menschen, einen Baum!", „Verzauberte Familie") einladen, die sie an einem Tisch am Rande des Geschehens ausführen. Jetzt sind sie auch dazu in der Lage, sich aus einer hinreichend sicheren Position ansprechen zu lassen und zu antworten; benötigen dabei jedoch die kontinuierliche Möglichkeit der Rückversicherung bei den Eltern, indem sie vor jeder sprachlichen Äußerung oder Handlung deren zustimmenden Blick oder Körperkontakt suchen können. Unterschiedsfragen sind vorsichtig, mit großer Zurückhaltung und in langsamer Folge zu stellen. Die auf einen möglichen Unterschied zielende Fragenstruktur (z. B.: „Wer von den Eltern macht sich die größeren Sorgen um dich?") wird von den Kindern als sehr machtvoll wahrgenommen und droht sie in eine Zwangslage zu bringen, deren sie sich kaum erwehren können, wenn sie nicht die Möglichkeit fühlen, u. U. auch einmal nicht zu antworten. Sehr nützlich ist es, einen Zauberstab anzubieten, einen Zauberspruch auswählen zu lassen, mittels dessen das Kind als Zauberer sich oder den anwesenden Familienmitgliedern Wünsche zu erfüllen darf. Solchermaßen ans Licht gebrachte Wunschvorstellungen verdeutlichen sowohl die kindlichen Wahrnehmungen der familiären Vergangenheit und Gegenwart als auch Lösungsideen des Kindes, von denen die Eltern bisweilen sehr überrascht sind.

Vorschul- und Kleinkinder kommentieren den Gesprächsverlauf durch ihre Handlungen, denen zusammen mit den Reaktionen der Eltern auf diese größte Aufmerksamkeit zu zollen ist. Fühlen sich die Kinder sehr unsicher, scheinen sie das Gespräch zwischen Eltern und Therapeuten kaum zu gestatten. Sie verfügen dann über nachhaltige Mittel, die aus der Situation heraus eingeforderte Hinwendung der Eltern zu den Therapeuten zu unterbrechen: Das Spektrum reicht von kleinen physischen Attacken auf die Eltern über die Blockade ihres Blickkontaktes mit dem Therapeuten bis hin zum Versuch, unvermittelt und schreiend den Raum zu verlassen. Dagegen bewegen sich sehr junge Kinder erstaunlich sicher im Therapieraum, wenn die Eltern sich verstanden und unterstützt fühlen, wenn also offensichtlich der passende Gesprächsfokus gefunden wurde. Die Kinder wenden sich dann ohne großes Zögern dem bereitstehenden Spielmaterial zu. Nicht selten kommen sie in ein Rollenspiel, das die behandelten Gesprächsinhalte zu kommentieren scheint. Ein erstes Familiengespräch in Anwesenheit von sehr jungen Kindern ist in der Regel dafür ausreichend, dass die Eltern sich bezüglich der Sorgen um ihr Kind verstanden fühlen. Ebenso konnte sich der Therapeut ausreichend darüber informieren, welche Rolle das Kind im Familiengeschehen einnimmt und wie seine Reaktionstendenzen beschaffen sind. Die Eltern stimmen dann ohne weiteres zu, Folgegespräche unter Erwachsenen zu führen. Folgetermine mit jungen Kindern/ Grundschulkindern zu diagnostischen Zwecken sollten in der Anwesenheit mindestens eines Elternteils konzipiert werden. Dieses Setting lässt die Kinder den Respekt des Therapeuten gegenüber den Eltern spüren und verdeutlicht, dass er keineswegs zu einer Koalition einladen oder „Geheimnisse" wissen möchte, die den Eltern verborgen sind und bleiben sollen (Ausnahme: Arbeit mit misshandelten Kindern). Erteilen die Eltern einen therapeutischen Auftrag, der auf die Lösung von Paarkonflikten oder die Neukonzeption pädagogischer Strategien zielt, wird die Arbeit zunächst mit dem Elternsubsystem fortgeführt. In späteren gemeinsamen Sitzungen mit der gesamten Familie kann die Überprüfung der Entwicklungsschritte erfolgen: Sind die eingangs formulierten Ziele erreicht? Haben sich die Aufträge gewandelt?

Probleme werden mehr von den Eltern, weniger von jüngeren Kindern nicht einfach als Tatsachen – also: was jemand tut oder getan hat – dargestellt. Die Tatsachen werden im Kontext ihrer möglicher

Bedeutungen geschildert. Diese Bedeutungszuschreibungen haben ihre Quelle in individuellen, medizinischen oder gesellschaftlich vermittelten Katalogen von Bewertungskriterien. Die Tatsachen (z. B. „nässt ein, nimmt weg, spricht/handelt unverständlich") werden gedeutet als „Zeichen für" (Foucault 1963), und häufig scheint es den Eltern recht schwer zu fallen, sich von den vorgenommenen oder vorgeschriebenen Deutungen zu lösen, um zunächst auf die Beschreibung von Tatsachen zurückzukommen. Das ist jedoch unbedingt erforderlich, will man zu Lösungen und Wandel gelangen, der auf neue Perspektiven hindeutet.

Kinder zeigen sich leichter als Erwachsene dazu bereit, sich an Tatsachen zu orientieren und frühere Bedeutungssysteme zu verlassen. Im Unterschied zu Erwachsenen lösen sie sich rascher von Schuldzuweisungen und argwöhnischen Haltungen, die das Schlimme erwarten und die Bestätigung für schlechte Erwartungen suchen. Insofern wirken sie als Modell für das Verzeihen und sind Garanten des Wandels und einer optimistischen Haltung gegenüber zukünftigen Entwicklungen.

4.5 Systemische Einzeltherapie mit Jugendlichen neben Settings mit der Familie

Jugendlichen fällt der Weg zum Psychotherapeuten in der Regel eher schwer. Ihre Bemühung um autonome Abgrenzung vom Wertesystem der Eltern/Erwachsenen lässt es kaum zu, der Problemempfindung der Eltern oder Lehrer beizupflichten, während diese die eingeschlagenen Lösungswege der Jugendlichen nicht anzuerkennen vermögen, sei es, dass darin Anzeichen seelischer Irritation gesehen werden, die nach Hilfe rufen (z. B. bei Magersucht oder autoaggressivem Verhalten), oder sei es, dass Regelverstöße und dissoziales Verhalten stören. Sucht ein Jugendlicher aus eigener Motivation den Kontakt zum Psychotherapeuten, ist ihm mit größter Wertschätzung für seinen Schritt zu begegnen. Grundsätzlich soll er danach gefragt werden, ob aus seiner Sicht die angestrebte Lösung eher mit oder ohne Einbeziehung der Familie zu erreichen ist. Auch wenn ein Jugendlicher die Einzeltherapie wünscht, können ihm die Einbettung seines Problems in das familiäre Miteinander und die Bedeutung seines Handelns für seine Familie verdeutlicht werden. Die Verschwiegenheit des Therapeuten ist ihm zuzusichern, solange die Abwendung von größerer Gefahr nicht ein höheres Rechtsgut darstellt. Der Jugendliche erfährt die Gelegenheit, in Einzelkontakten seine Lage darzulegen und seine eigenen Ziele zu formulieren und deren Erreichen ins Auge zu fassen. Dieses Vorgehen entspricht den Autonomiebedürfnissen der Jugendlichen und verdeutlicht diese auch gegenüber den Eltern.

In der Regel wenden sich zuerst die Eltern an den Psychotherapeuten und gehen häufig davon aus, dass der Jugendliche ohnehin nicht dazu bereit sein wird, fremde Hilfe in Anspruch zu nehmen. Aufgabe der um Neutralität bemühten therapeutischen Haltung ist es dann, anteilnehmende Loyalität auch mit dem noch ferngebliebenen Jugendlichen zu zeigen: Sein Problemverhalten wird als sein ihm derzeit möglicher Lösungsversuch etikettiert. Therapeutische Hausaufgaben schließen den abwesenden Jugendlichen mit ein, der grundsätzlich zu späteren Sitzungen eingeladen wird. Er soll durch die Eltern darüber informiert werden, dass sie sich an den Therapeuten gewendet und ihn um Mithilfe gebeten haben. Bisweilen ist ein tiefer Graben zwischen Eltern und dem jugendlichen Familienmitglied entstanden, der die Überwindung von Kontroversen kaum denkbar erscheinen lässt. In solchen Konstellationen sind die Eltern dazu zu ermutigen, sich zu vergegenwärtigen, wie sie ihr Leben gestalten wollen. Sie sollen nicht gleichsam „in die Knie gehen", um die Austragung jeglicher Differenzen zu vermeiden, sondern eher herausarbeiten, welches Reglement seitens des Jugendlichen primäre Beachtung verlangen soll. Indem auf diesem Wege die Eltern ihre eigenen Autonomiebedürfnisse erkennen und anmelden, arbeiten sie einerseits in Vermeidung von Enmeshment-Tendenzen (Minuchin et al. 1979) an der Verdeutlichung ihrer eigenen Grenzen und können kraftvoll Konflikte wagen, die andererseits dem Jugendlichen Erleichterung verschaffen, weil er erlebt, dass die Eltern für sich zu sorgen in der Lage sind. Kommt die Familie von vornherein gemeinsam in die Therapie, werden grundsätzlich neben den Familiensitzungen auch Einzelbegegnungen mit dem Jugendlichen angeboten und somit Lösungen angesteuert, die sich auf elternbezogene Schwierigkeiten richten. Damit wird deren eigene Entwicklungslinie thematisiert und somit sichtbar, welche Rolle die früheren Erfahrungen in den jeweiligen Elternhäusern spielen und in welcher Weise z. B. ungelöste Bindungen und unsichtbare Loyalitäten das aktuelle Geschehen mitgestalten (Boszormenyi-Nagy 1989). Als Warnung: Die Offenheit des Therapeuten, sich auf die Gesamtheit des Sorgenmusters aus einer Drei-Generationen-Perspektive ansprechen zu lassen und sie zur Kenntnis zu nehmen, birgt die Gefahr in sich, von der Fülle an Problemdarstellungen überwältigt zu werden. Mit Blick auf Lösungen müssen sich die Familienmitglieder und der Therapeut auf eine erste klare Problembeschreibung einigen. Damit ein handelbares Ziel ins Auge gefasst werden kann, ist bisweilen der Verzicht auf Information erforderlich.

4.6 Systemische Therapie mit abwesenden Jugendlichen

Bei tiefem Misstrauen eines Jugendlichen gegenüber jeder therapeutischen Institution und/oder massiveren Dissensen zwischen den Generationen können Eltern jenen nicht dazu bewegen, Beratungstermine wahrzunehmen. Ist eine Lösung mit dem Erwachsenensubsystem allein nicht zu erarbeiten und die Einleitung von Jugendhilfemaßnahmen (Kontrolle) nicht indiziert, kann der Versuch unternommen werden, analog zur „Familientherapie ohne Familie" (Weiss u. Haertel-Weiss 2001) den abwesend bleibenden Jugendlichen dennoch mit einzubeziehen. Neben der bekannten Fragetechnik, die das abwesende Familienmitglied in der Gesprächsrunde virtuell Platz nehmen lässt, haben sich weitere Strategien als hilfreich erwiesen.

4.6.1 Identifizierung und Verstörung des jugendlichen Regelsystems

Den Eltern ist in diesen Lagen problemlos zu verdeutlichen, dass ihr jugendliches Familienmitglied insofern auf seine Machtausübung setzt, als sich das Familiengeschehen nach seinen Regeln richten soll. Entsprechend erhalten die Eltern die Beobachtungsaufgabe, zunächst das vom Jugendlichen initiierte gültige Regelsystem zu identifizieren und diesen Auftrag ihm gegenüber offen mitzuteilen. In der dann folgenden Sitzung schildern die Eltern ihre Beobachtung, und es erfolgt die Einigung auf ein Element des beschriebenen Regelsystems, das nun durch die Aktivitäten der Eltern in kleinen Schritten und kaum merklich verstört werden soll.

Fallbeispiel: Der 16-jährige Karl verlässt nach dem erfolgreichen Realschulabschluss die elterliche Wohnung nicht mehr, verhält sich dabei den sich ohnmächtig fühlenden Eltern gegenüber massiv ablehnend und provokativ und geht erst in den frühen Morgenstunden zu Bett. Er ist nicht zur Aufnahme einer Berufausbildung zu bewegen und lehnt jede Unterstützung von außen ab. Die Eltern entdecken neben seinen provokativen Handlungen und seinem Rückzug von jedem Sozialkontakt eine Reihe kleiner dimensionierter Zwangshandlungen: so z. B. lang dauerndes Duschen und die ritualisiert wirkende, peinlich genaue Anordnung seiner Handtücher im Bad und von Schreibgerät auf seinem Arbeitstisch. Auf entsprechende Anregung hin verstören die Eltern die Position des Schreibgerätes und trauen sich zunehmend, auch wieder eigene Bedürfnissen geltend zu machen. Für sie überraschend, gibt ihr Sohn seine Zwänglichkeit und sein provokatives Verhalten auf und beginnt drei Monate später mit einer Berufsausbildung zum Bankkaufmann.

4.6.2 Neuordnung der Territorialverhältnisse

Kinder erobern sich im Entwicklungsverlauf ein kontinuierlich wachsendes Territorium. Mit zunehmender Lösung von den Eltern, dem Erwerb autonomer Handlungsmöglichkeiten und Verfügungsgewalt über Geld geraten sie bisweilen zu früh in die Illusion einer unbegrenzten Selbstbestimmung. Als Dilemma für die Eltern kann dann erscheinen, dass sie zwar die Früchte ihrer Erziehung zur Selbstständigkeit sehen, sich aber von jeder ihnen angesichts problematischer Verhaltensentwicklung ihres jugendlichen Kindes noch notwendig erscheinenden Einflussnahme als ausgeschlossen erleben müssen. Neigen sie in solcher Lage auch noch dazu, sich selbst mit Schuldempfindungen zu quälen, geraten sie in die Gefahr, den wachsenden Forderungen ihres Kindes nur weiter nachzugeben, anstatt ihr eigenes Territorium zu beanspruchen. Omer und von Schlippe haben kürzlich zu diesem thematischen Bereich ein sehr lesenswertes Buch veröffentlicht (2002), in dem differenziert dargestellt ist, mit welchen Mitteln Eltern ihre Präsenz und ihr Territorium zum Vorteil ihrer Kinder wiedergewinnen können. Analog zur Identifikation des Regelsystems (s. Abschn. 4.5) können Eltern dazu angeregt werden, einen Überblick über die Einrichtung der räumlichen, zeitlichen und materiellen Territorialverhältnisse zu gewinnen: Welches ist der beanspruchte Raum, wie wird über Zeit verfügt, welche Ansprüche werden etwa bezüglich Geld und Nahrungsmitteln geltend gemacht?

Ein Ziel der Beratung kann dann sein, dass die Eltern ihre eigenen Territorialansprüche wieder entdecken und diese mit dem Gefühl von Berechtigung und Kraft verteidigen.

4.7 Gesunde Kinder mit belasteten Eltern

In der Regel bringen die Eltern ihre Kinder in die familientherapeutische Praxis. Bisweilen ist aber schon beim Erstkontakt eine Anmutung im Raum, die das vorgestellte Kind fragen möchte, ob es selbst denn die Eltern zum Therapeuten gebracht habe. Trotz aller spezifischen Ankündigung durch die Erwachsenen, das Kind benötige wohl therapeutische Hilfe, weil es irgendeine Symptomatik entwickelt habe, imponiert es im Erstinterview als bestens in Ordnung, während die begleitenden Eltern angeschlagen wirken. Gibt man nun dem jungen Kind etwa einen Zauberstab in die Hand und fordert es auf, den Eltern mit Zaubern einen Wunsch zu erfüllen, nennt es vielleicht sofort die Lösung: weniger Alkohol, mehr Geld, Gesundheit oder eine bessere Arbeit. Im Rahmen von Gestaltungsaufgaben (Zeichnungen, Sceno-Test) verdeutlichen gerade junge Kinder ihre Wahrnehmung komplexerer Konflikte und Schwierigkeiten, mit denen sich die Eltern gerade auseinander setzen. Zudem ist immer wieder zu beobachten, dass vor allem junge Kinder die Gesprächsrunde in der Praxis verlassen und sich dem bereitstehenden Spielmaterial zuwenden, wenn das Gegenstand der Therapie geworden ist, worauf es ihnen wirklich ankommt. Ältere, sprachkompetente Kinder können durchaus auf die Frage nach möglichen guten Veränderungen für die Eltern antworten. In solchen Fällen ist in Absprache mit den Eltern und dem Kind/Jugendlichen zu prüfen, ob das bezeichnete Therapieziel eher in Anwesenheit des Kindes oder mit den Erwachsenen allein zu erreichen sein wird. Feste Regeln sind hier nicht anzugeben. Der Therapeut tut gut daran, auch hier nach seinem Gefühl zu handeln und Gesprächsformen abzulehnen, die ihn an der Aufrechterhaltung seiner Bemühung um Neutralität hindern.

Wie unten im Fallbeispiel 2 (s. Abschn. 4.8) aufgezeigt, kann die Anwesenheit unauffälliger Jugendlicher für Eltern sehr hilfreich sein, sich besser über die eigene Problemlage zu orientieren. In diesem Fall ist der Mutter nicht klar, wie ihre Schwierigkeit mit der angekündigten Trennung des Partners beschaffen ist. Erst die unmissverständlichen Äußerungen ihrer beiden Söhne verdeutlichen ihr ihren Ambivalenzkonflikt, indem der eine Sohn auf die unabdingbar zu fordernde und radikale Trennung hinweist, während der andere mit gelassenerer Übersicht Alternativen aufzeigt und sich eine Sowohl-als-auch-Lösung vorstellen kann. Die Mutter entscheidet sich zur Fortsetzung der Beratung im Einzelkontakt, obwohl der ältere Sohn ihr seine Begleitung dabei anbietet.

In anderen Belastungskonstellationen – offensichtliche Ehekrise oder etwa ein depressiver Verarbeitungsmodus bei einem Elternteil – möchten die Erwachsenen darauf bestehen, die sekundäre Problematik bei einem anteilnehmenden Kind an die erste Stelle zu rücken, es nicht in seine gesunden Möglichkeiten zu entlassen:

Fallbeispiel: Frau K. stellt ihren 17-jährigen Sohn wegen dessen Intentionslosigkeit vor. Sie stammt aus Mittelamerika, hat eine Arbeit weit unterhalb ihres akademischen Niveaus gefunden und leidet sehr unter der geschäftsbedingten Abwesenheit ihres Mannes, der bei einem international operierenden Unternehmen eine führende Stellung bekleidet. Als kürzlich ihre Mutter in ihrem Heimatland verstarb, konnte ihr Mann aus beruflichen Gründen nicht an der Beerdigung teilnehmen. Dafür zürnt sie ihm weiterhin. Der familientherapeutische Prozess fokussiert recht bald auf die Problematik innerhalb des Erwachsenensubsystems. Obwohl auch der Vater sein Erleben der belasteten Elternebene deutlich macht und explizit eine Paarberatung wünscht, beharrt die Mutter auf der Therapie des energielos wirkenden Sohnes. Ein therapeutisches Bündnis kommt nicht zustande.

4.8 Geschwisterbeziehungen

Lädt man die Geschwister eines zur Sorge Anlass gebenden Kindes mit zu Familiengesprächen ein, begegnet man vielfältigen Beziehungskonstellationen unter den Kindern. Die Analyse der bestehenden Konstellationen ist in jedem Fall hilfreich für den familiendiagnostischen und -therapeutischen Prozess. Im Geschwistersubsystem finden sich außerhalb der Relationen wie gegenseitige Unterstützung (stark/schwach) und Rivalität (gut/böse) die bekannten Beziehungsmuster wie Koalition, Komplementarität und Symmetrie und zeigen je nach den Altersrelationen unterschiedliche Bedeutung für Problem- und Lösungsentwicklung. Transgenerationale Koalitionen können einen tiefen Graben zwischen den Geschwistern schaffen und können sowohl ein erkranktes Kind als auch sein Geschwister belasten. Das ressourcenorientierte Gespräch kann u. U. fündig werden, lösungswirksame Kräfte bei den Geschwistern zu entdecken; andererseits verdeutlichen sich bisweilen Rivalitäten von destruktiver Kraft, die möglicherweise auf verborgene Beziehungsschwierigkeiten zwischen den Eltern hinweisen. Auf dem Wege zu einer Lösung zeigt in jedem Einzelfall die Genogrammarbeit in Anwesenheit der vollständigen Familie das Muster der innerfamiliären Relationen auf. Die systemische Hypothesenbildung verdeutlicht, ob der wahrgenommenen Beziehungskonstellation ein Problemcharakter zukommt oder ob sie eher von Nutzen sein könnte. Auf eine Typisierung wird hier bewusst verzichtet, um die Notwendigkeit der Analyse in jedem Einzelfall hervorzuheben.

Die nachstehenden Fallbeispiele geben einen Eindruck von der Komplexität möglicher Konstellationen.

Fallbeispiel 1: Milena erkrankt mit elf Jahren an einer sehr bedrohlichen Form von Magersucht, verbunden mit autoaggressivem Schlagen der Stirn an die Wand und Versuchen, nicht mehr zu atmen. Ihre zwölfeinhalbjährige Schwester Dana erscheint unberührt von all den belastenden Familienentwicklungsfragen, nämlich: kulturelle Verpflanzung der ehemals magersüchtigen Mutter, Trennung vom sozial wenig kompetenten Vater, unglücklich verlaufende zweite Partnerschaft der Mutter, aus der vor zwei Jahren eine dritte Tochter, Elena, hervorgegangen ist, reduzierte materielle Lebensbedingungen. Milena muss wegen eines Magengeschwürs in der Kinderklinik behandelt werden, erhält danach über ein Jahr stationäre Einzelpsychotherapie, während welcher wiederholte Suizidversuche stattfinden. Sie wird von dort im Grunde unverändert entlassen, stabilisiert sich aber dann, bis der Vater sie wegen ihres angeblich uneinsichtigen Verhaltens in Zusammenhang mit Nahrungsaufnahme und Kleidung verprügelt. Erneut wird eine stationäre Psychotherapie notwendig. Dana erschien gelegentlich, entsprechend ihrem Selbstbild, mit zu den Familiengesprächen. Stets „guter Dinge", scheinbar eher unberührt vom Sturm der Ereignisse. Der chronische Krankenstand der jüngeren Schwester „geht mir eigentlich nur auf die Nerven". Zur problematischen Beziehung zu ihrem leiblichen Vater nimmt sie lieber keine Stellung, erscheint jedoch souverän im Umgang mit dessen Besuchswünschen und unzuverlässigen Kontakten. Sie wirkt betont an ihrer Weiblichkeit interessiert, kleidet sich achtsam und pflegt alterstypische Beziehungen innerhalb ihrer Peergroup; lächelt über die „Unterentwicklung" ihrer noch dürren Schwester.

Nach weitgehender Wiederherstellung ihrer Gesundheit gesteht Milena ein, dass sie bulimisches Verhalten entwickelt hatte, und betont nun die besonders guten Eigenschaften ihres Vaters, von denen sie sich überzeugt zeigt, während sie nun die Mutter zunehmend herabsetzt und wegen ihrer kontrollierenden Strategien beschimpft. Jetzt legt Dana plötzlich anorektische Verhaltensweisen an den Tag, wenn auch nur in geringer Ausprägung. Sie verliert undramatisch an Gewicht, macht der Mutter aber deutlich, dass sie, Dana, ebenfalls über das Inventar gewichtsreduzierender Maßnahmen verfügt.

Fallbeispiel 2: Moritz, 14 Jahre, und Michael, 13 Jahre, beide aus der ersten Ehe der Mutter, leben bei gutem Kontakt zu ihrem leiblichen Vater seit sechs Jahren mit ihr und ihrem zweiten Mann zusammen. Moritz muss seine Teilleistungsschwächen überwinden und schafft mit einiger Anstrengung die Realschule, während Michael betont „locker" und mit guten Ergebnissen ein Gymnasium besucht. Die gelegentlichen heftigen Aggressionsausbrüche von Moritz haben zur Aufnahme der Familientherapie geführt. Etwa neun Monate nach ihrem Beginn beschließt der zweite Mann der Mutter, „wegen einer anderen Frau" die Familie zu verlassen. Im Verlauf der aktuellen Sitzung mit der Familie zeigt sich Moritz massiv abfällig gegenüber dem Stiefvater. Er solle unbedingt sofort gehen und auch nicht damit rechnen, dass er ihn jemals wieder ansehen werde. Michael bietet sich als engagierter Diplomat dar, der souverän mit den Trennungsabsichten des Stiefvaters umgeht, ihm Brücken baut und seine Rückkehr in keiner Weise ausschließt.

Fallbeispiel 3: Markus, elf Jahre, ist der Älteste in der Geschwisterreihe in einer deutsch-irischen Familie. Nach ihm wurden mit lediglich einem Jahr Abstand die Zwillinge und Brüder Yannick und Sean geboren; zuletzt die nun fünfjährige Jana. Markus hat im Rahmen einer häuslichen Auseinandersetzung die Mutter mit einem Küchenmesser bedroht und war schon früher wegen seiner Neigung zu tätlichen Auseinandersetzungen aufgefallen. Im Verlauf der ersten Sitzung unter Anwesenheit aller Geschwister wird deutlich, dass die Zwillinge den Beschluss gefasst hatten, mit gemeinsamer Stärke und gleichsam doppeltem Gewicht dem älteren Bruder seine erste Position streitig zu machen. Das war den Eltern keineswegs verborgen geblieben, sie wussten jedoch nicht mit diesem alltäglich präsenten Problem umzugehen. Zur Freude von Markus, aber den Protest der beiden jüngeren Brüder auslösend, entscheiden sich die Eltern nach der ersten Sitzung dazu, Markus seine erste Position zuzusichern und die Zwillinge betont in die Schranken zu weisen. Markus entspannt sich daraufhin bleibend und benötigt keine weitere Therapie mehr.

Schon diese wenigen Fallbeispiele, die nur einen geringen Teil der Landschaft der Relationen zwischen Geschwistern beleuchten, belegen, dass mit familiendynamischer Perspektive die Störung eines Kindes nicht in jedem Fall zuerst auf die Beziehung zu den Eltern oder deren u. U. maskierten Konflikte untereinander zu rechnen ist, sondern durchaus erst verständlich wird, wenn auch der Blick auf die Geschwister gerichtet wird. Folglich erscheint es von vornherein unverzichtbar, die Geschwister einzubeziehen, um die geklagte Störung eines Kindes zumindest im familiären Kontext verstehen zu können. In einem zweiten Schritt wird es dann möglich, die bei den Geschwistern vorhandenen Ressourcen zu entdecken und für den Lösungsprozess zu utilisieren. Ferner bietet sich stets die Analyse der gegebenen Verantwortungsverteilung an, deren Umgruppierung ein als Patient identifiziertes Kind von dieser Rolle befreien kann (s. Abschn. 5.2.3: Steffen).

Parentifizierte Kinder sind keineswegs immer davon begeistert, wenn ihnen im Verlauf der Familientherapie die Wiedereingliederung in die Geschwisterreihe angeboten wird. Ebenso wenig zeigen sich die Geschwister von solcher Entwicklung angetan.

Fallbeispiel 4: Die 16-jährige Luisa ist seit zwei Jahren in schwerster Form an Magersucht erkrankt und setzt jeder Hilfe von außen größten Widerstand entgegen. Der zwei Jahre jüngere Bruder Thomas erlebt die Mutter als vom Vater vollkommen allein gelassen und bietet ihr seine Nähe und Unterstützung an. Die Mutter macht dem Vater schon seit Jahren Vorwürfe, weil er aus ihrer Sicht zu wenig Zeit für den Sohn hat, aber sich von der nun essgestörten Tochter vollends dirigieren lasse. Im Zuge der gelingenden Problemlösung für Luisa beginnen die Eltern ganz allmählich mit der Bearbeitung ihrer lange bestehenden Krise. Thomas kann nun von der Mutter abrücken und bekommt auch vom Vater die Einladung zu passenden gemeinsamen Unternehmungen. Diese Wiedereröffnung seiner Kinderstube erlebt er als Verminderung seiner Bedeutung und Macht in der Familie, obwohl er unter der lange allein auf die „blöde Hexe"gerichteten Aufmerksamkeit der Eltern gelitten hat. So versucht er, wo es ihm immer möglich erscheint, Ärger oder Ekel seiner Schwester hervorzurufen, wenn es um das Essen geht. Zugleich wehrt sich Luisa gegen jede geschwisterliche Annäherung zu dem von ihr als arrogant und bevorteilt erlebten Bruder; sucht ihrerseits in ihm eine Essstörung hervorzurufen, indem sie ihm z. B. ein Flasche Salatöl in seine Spaghettiportion schüttet.

In zusammengesetzten Familien („Patchworkfamilien") ist der Anordnung der Geschwisterbeziehungen die größte Aufmerksamkeit zu widmen.

Fallbeispiel 5: Frau und Herr P. haben vor sieben Jahren geheiratet und sind gemeinsam Eltern ihrer sechsjährigen Tochter Anne. Herr P. trennte sich von seiner ersten Frau, mit der er den 14-jährigen Ruben und die zwölfjährige Christa als gemeinsame Kinder hat. Ruben lebt in der neuen Familie, während seine leibliche Schwester bei der Mutter blieb, jeden Kontakt zum Vater verweigert. Frau P. war ebenfalls verheiratet und brachte aus ihrer ersten Ehe die 16-jährige Birgit mit in die neu zusammengesetzte Familie. Ruben war vor der Familientherapie wegen einer als depressiv klassifizierten Störung und fortgesetzter Regelverstöße in der Familie und der Schule mehrere Monate stationär behandelt worden. Neben der unklar gebliebenen Verteilung der erzieherischen Verantwortung der Eltern für das gemeinsame Kind und die nicht gemeinsamen Geschwister zeigte sich, dass der früher Erste in seiner Geschwisterreihe nur schlecht ertragen konnte, von der Stiefmutter erzogen zu werden, die ihm ihre Tochter Birgit „vor die Nase gesetzt hat". Dass er sich von seiner Stiefmutter nur schwer führen ließ, war nicht nur als Resultat dessen zu verstehen, dass sein Vater beruflich sehr belastet war und dass er von seiner leiblichen Mutter getrennt lebte. Darüber hinaus fühlte Ruben eine stille Loyalität zu seiner leiblichen Schwester, die in der gegebenen Patchwork-Konstellation weniger Kontakt zu seinem Vater hat als die erste Tochter seiner Stiefmutter. Im Verlauf der Familientherapie war auf die Umverteilung der drei voneinander verschiedenen Qualitäten von elterlicher Verantwortung zu achten, während deren Verwirklichung die bei ihrer Mutter gebliebene Christa plötzlich Interesse zeigte, mit ihrem Vater in Kontakt zu kommen.

In Fällen des frühen oder vorausgegangenen Todes eines Kindes prägen sich in diesem Lichte die Geschwisterbeziehungen aus. Dem verstorbenen Kind wird zuerst durch die Eltern und dann durch die älter gewordenen Geschwister ein Platz eingeräumt, es lebt gewissermaßen „als Geist im Kinderzimmer". Der frühe Tod raubt den Geschwistern die kindertypische Illusion eines unbegrenzten Lebens und befragt die Positionierung der Kinder in der Geschwisterreihe.

Fallbeispiel 6: Maria, sechs Jahre, und Theresa, zehn Jahre alt, müssen bewältigen, dass vor einem Jahr ihr erst 14-jähriger, seit Geburt körperlich und schließlich geistig schwer behinderter Bruder Stephan gestorben ist. Während Maria schon wieder mit Freude ihrem Leben nachgehen kann, richtet sich der Blick von Theresa noch ganz auf den Tod des Bruders und die vorausgegangenen belastenden Erfahrungen. In ähnlicher Unterschiedlichkeit kann sich der Vater wieder mit den leichteren und schwierigeren Alltagserfahrungen befassen, während die Mutter im Stillen mit Suizidgedanken befasst ist. Theresa traut sich zwar nicht, ihrer Schwester offen deren Unbefangenheit zum Vorwurf zu machen, kreidet ihr aber doch an, dass sie gemeinsam mit dem Vater eher fröhlich sein kann, während sie sich selbst gemeinsam mit der Mutter auf das Traurigsein verpflichtet fühlt. Maria setzt nun ihren „Vorteil" vor Theresa gleichsam aufs

Spiel, indem sie ihren Erfolg in der Schule opfert und sich dort als ungehorsam und schwer führbar zeigt.

Zur Entlastung der Geschwisterbeziehung und damit zum Vorteil für beide Schwestern beginnt die intensive Arbeit mit beiden Eltern im Dienste der Verlustbewältigung.

4.9 ZEITMANAGEMENT

4.9.1 Entwicklung von Störungen im Zeitverlauf

Im Unterschied zu Problemmustern bei Erwachsenen werden in der Regel Störungsbilder im Kindesalter definierten Entwicklungsstufen zugeordnet. Ihr Wandel im Verlauf der Zeit verlangt nach flexibler Bedeutungszuschreibung. Das Störungswissen von Eltern und Experten will nicht allein bestimmte Qualitäten des Verhaltens kategorisieren, sondern es orientiert sich auch an der Entwicklungspsychologie, die eine Entscheidung darüber zulässt, zu welchem Zeitpunkt in der Entwicklungslinie eine bestimmte Verhaltensweise als defizitär und daher als Störung gelten soll. Ein Störungsmuster steht in engen Beziehungen zum Ablauf der somatischen, psychomotorischen und geistigen Entwicklung. Beobachtete und beschriebene kindliche Verhaltensweisen sind erst im Zusammenhang mit dem Zeitverlauf interpretierbar. Eine solche Interpretation ist zudem nur mit kulturbezogenen entwicklungspsychopathologischen Kenntnissen möglich. Die kinderpsychotherapeutische Erfahrung lehrt, dass ein erreichtes Entwicklungsmuster keineswegs zeit- und situationsstabil ist. Je jünger ein Kind, desto unsicherer verfügt es in verschiedenen sozialen Situationen über das ausdifferenzierte Verhaltensspektrum und seine Kompetenzen. So kann z. B. die Beherrschung der Kontrolle über die Ausscheidungsfunktionen temporär wieder verloren gehen, Konzentrationsleistungen sind plötzlich nicht mehr verfügbar, oder autonome Handlungsmöglichkeiten verflüchtigen sich im Zuge von Wiederannäherungskrisen (Mahler et al. 1978). Andererseits geschehen Akzelerationen in bestimmten Funktionsbereichen, z. B. bei der Sprech- und Sprachkompetenz, die Verwirrungen stiften, wenn die Umgebung sich darüber zu orientieren sucht, was von einem Kind erwartet werden kann und was seine Überforderung bedeuten würde.

Die mögliche Gleichzeitigkeit von Entwicklungsschritten, die verschiedenen Altersstufen zugeordnet werden müssten, kann daher zu Unsicherheiten darüber führen, welche Bedeutung einem kindlichen Verhaltensmuster zuzuschreiben ist. In der familientherapeutischen Arbeit ist ferner zu berücksichtigen, welche Unterschiede zwischen den Vorstellungen von der Zeitangemessenheit kindlichen Verhaltens seitens der begleitenden Erwachsenen als Systemmitgliedern und denjenigen seitens der Therapeuten bestehen. So kann allein die bei den Eltern veranlasste Neuorientierung bezüglich ihrer Zeitvorstellungen ein Kind von der Pathologiezuschreibung befreien. Ebenso ist es von therapeutischer Bedeutung, den angestrebten Wandel des kindlichen Verhaltens in einen Zeitzusammenhang zu stellen. Die Definition des Tempos, in dem ein Wandel möglicherweise erreicht werden könnte, ist dabei ebenso hilfreich wie ein Zeitmanagement der vereinbarten Therapiesitzungen.

4.9.2 Zeitbezogene Interventionen

Die psychiatrische Untersuchung von Erwachsenen fragt u. a. nach dessen zeitlicher Orientierung: z. B. nach Datum, Geburtstagen, Altersangaben über Familienmitglieder, Bezeichnungen von Monaten und Tagen und zeitbezogenen Begriffen wie „gestern" und „heute". Ein Kind erwirbt diese Begrifflichkeiten und Zahlenwerke kulturabhängig im Zusammenhang mit dem Fortschritt der kognitiven Fähigkeiten. Die Stufen der Zeitgitterentwicklung sind zwar beschrieben; es wurden jedoch für den Zeitraum bis zur Frühadoleszenz keine gesicherten entwicklungspsychopathologischen Kriterien erarbeitet, mittels deren eine altersentsprechende Zeitorientierung zu beurteilen wäre. Entsprechend beziehen sich die syndromatischen Beschreibungen psychiatrischer Phänomene im Kindesalter nicht auf Qualitäten des Erlebens von Zeit oder auf Mitteilungen eines Kindes über seine zeitliche Orientierung. Den Begriffen von Entwicklung und Wandel ist immanent, dass auch jede Veränderung in Form von Störung oder Lösung im Zeitverlauf geschieht. Die systemische Arbeit betrachtet Zeit nicht allein als gleichermaßen passive Größe, die allenfalls Entwicklungsprozesse im zeitlichen Metrum zu beschreiben erlaubt. Ausgedehnter als im Erwachsenenalter, können bei Kindern und Jugendlichen Interventionen konzipiert werden, die zeitbezogene Verschreibungen für den Therapieprozess utilisieren.

Die im Kindheitsverlauf erst allmählich erworbene zeitliche Orientierung zeigt auch im Erwachsenenalter keine stets verfügbare Stabilität. In Abhängigkeit von verschiedenen kontextuellen Markierungen kann sich schon im Alltag und außerhalb jeder psychopathologischen Phänomene die zeitliche Orientierung als dynamische Größe zeigen; z. B. weiß jemand im Urlaub oder im Fall von schwerer körperlicher Krankheit einen Wochentag nicht mehr sicher anzugeben, oder das Erleben von Zeit verändert sich je nachdem, ob ein Stressfaktor das Gefühl von Zeitknappheit oder sehnsüchtige Erwartung das Gefühl von Zeitdauer hervorruft. Aus unserer therapeutischen Erfahrung namentlich mit Kindern heraus ist es stets sinnvoll, das gegebene zeitliche Bewusstseins zu berücksichtigen.

4.9.3 Herstellen zeitlicher Orientierung

Es ist ein klinisches Phänomen, dass bisweilen kognitiv altersentsprechend entwickelte Kinder von etwa zehn Jahren zur zeitlichen Orientierung noch auf die Angaben und Hinweise der erwachsenen Umgebung angewiesen sind. Das bedeutet für sie eine Einschränkung ihrer autonomen Handlungskompetenz, indem es ihre Selbstverantwortlichkeit partiell vermindert, und prägt die Gestaltung der Beziehung zu den Eltern. Einerseits muss sich ein Kind auf die spezifische Hilfestellung durch seine Eltern stützen oder diese verlangen; andererseits entlassen die Eltern ihr Kind nicht in seine zeitbewusste Verantwortlichkeit. In diesen Fällen haben die Eltern diese umschriebene Verantwortlichkeitslücke ihres Kindes nicht bemerkt. Sie sind im Alltag daran gewöhnt, ihr Kind über Uhrzeit, Wochentag und schulischen Stundenplan zu informieren. Das diesbezügliche partielle Verharren des Kindes in einer jüngeren Altersstufe scheint bisweilen mit anderen regressiven Tendenzen von Störungscharakter verbunden zu sein, die dann aufgegeben werden, wenn das Kind mithilfe spezifischer pädagogischer Anleitung seine zeitliche Orientierung erworben hat. Vergegenwärtigen sich die Eltern im Beratungsverlauf die defizitäre Zeitorientierung ihres Kindes, sind sie nicht nur überrascht, sondern halten das vom Kind zukünftig selbst zu verantwortende Zeitmanagement für eine Überforderung, auch wenn sie alltäglich unter der abhängigen Weise leiden, in welcher ihr Kind sie in Anspruch nimmt. Es hat im therapeutischen Prozess eine entlastende Wirkung, wenn angesichts unsicherer zeitlicher Orientierung vom Beratungsanlass defokussiert werden kann. Dann steht nicht mehr die zu Sorgen veranlassende Symptomatik im Zentrum der Betrachtung, sondern das nicht mit Pathologiecharakter besetzte Zeitbewusstsein des Kindes. Zudem hat die therapeutische Verschreibung von zeitlicher Orientierung systemische Bedeutung, indem sie die Beziehungsqualität zwischen Eltern und Kind i. S. von Autonomiezuwachs für beide Seiten verändert und eine kindliche Symptomatik auflöst, wenn diese an die Koexistenz von defizitärer Zeitorientierung gebunden war.

4.9.4 Symptomverschiebung in der Zeit

Schon die biologisch begründeten zirkadianen Rhythmen beweisen die Zeitgebundenheit menschlichen Verhaltens. Physiologische Experimente konnten die Existenz einer inneren Uhr belegen, die u. a. unabhängig von den Lichtverhältnissen als Taktgeber für die Abfolge von Schlaf- und Wachperioden wirkt. Die Körpertemperatur ist von den Tageszeiten abhängig, und bestimmte Hormonanalysen (z. B. Messungen von Wachstumshormon- oder Kortisolkonzentrationen) verlangen die Untersuchung zu definierten Tageszeiten, wenn man Normabweichungen sicher nachweisen will. So geschehen auch komplexere individuelle Verhaltensweisen in definiertem und bisweilen phasenhaft anmutendem zeitlichem Kontext, ohne dass dafür eine sicher zu treffende Begründung anzugeben wäre. Die über den Tag verteilten Essgewohnheiten beziehen sich nicht nur auf den Speiseplan, für alle möglichen Tätigkeiten und Kontakte werden Rhythmen erwartet oder geschaffen, Musizieren und Musikerleben z. B. gehen mit Taktempfindung einher. Umgekehrt scheint mit dem alltäglich verwendeten Begriff „Taktlosigkeit" auch verbunden zu sein, dass bestimmte zwischenmenschliche Verhaltensweisen nur dann als passend erlebt werden, wenn sie auch zu bestimmter Zeit geschehen. Zur Eile gedrängt, also genötigt, Verhaltenssequenzen in möglichst kurzer Zeit unterzubringen, gelingt es uns nicht, unsere prinzipiell vorhandene Kompetenz zur Wirkung zu bringen. Umgekehrt stört es unser Wohlbefinden, wenn die Zeit zu langsam zu vergehen scheint und wir Langeweile empfinden. Soll das alltägliche Miteinander gelingen, ist die zeitliche Koordination des aufeinander bezogenen Verhaltens verlangt. Wir müssen uns Zeit nehmen oder auch dem anderen Zeit lassen, und wir müssen ebenso Arbeitssequenzen innerhalb bestimmter Zeitabschnitte unterbringen wie auch Pausen einhalten.

Im Bereich der Psychopathologie tritt die Zeitgebundenheit von Symptomverhalten in verschiedener Weise deutlich zutage. So zeigen in der Regel depressive Stimmungslagen ein morgendliches Tief, und für manche psychotische Phänomene ist ein phasenhaftes Auftreten charakteristisch, das durch die Verabreichung von Lithiumsalzen oder Carbamazepin zwar gedehnt, aber nicht aufgehoben werden kann. Bestimmte Zwangserscheinungen sind von stillem, rhythmischem Zählen begleitet, und stereotype Bewegungen bei verschiedenen Syndromen scheinen von einem inneren Taktgeber diktiert zu werden. Die Wirksamkeit von Einschlafritualen bei Kindern, seltener bei Erwachsenen, ist bisweilen an rhythmische Bewegungsabläufe gebunden. Das Einnässen (Enuresis) – nach Erwerb der Kontinenz am Tage – scheint unter anderen Voraussetzungen zu geschehen als das in der Nacht, während Einkoten (Enkopresis) in der Regel nie nachts erfolgt.

Eltern schildern die Zeitgebundenheit einer Durchschlafstörung ihres Kindes, das regelmäßig mitten in der Nacht aufwacht oder – wie im Fall Gisela beschrieben – erbricht. In einem anderen Fall trägt ein intelligentes achtjähriges Schulkind in seinen Wochenkalender den gewohnten und bisher therapieresistenten Migräneanfall für Dienstagnachmittag ein und belegt damit seine Erfahrung der Zeitgebundenheit seiner Symptomatik. Für eine Reihe weiterer Verhaltensweisen von Störungscharakter berichten Eltern über ihr Auftreten im Tages- oder Wochenverlauf, etwa unmittelbar vor oder nach Wochenenden: hyperkinetisches und impulsives Verhalten, Essstörungen, Schmerzphänomene, Stimmungsschwankungen.

Zeigt die Analyse eines geklagten Verhaltens von Störungscharakter eine Zeitgebundenheit, kann es als Therapiebaustein hilfreich sein, die Intervention mehr auf den zeitlichen Ablauf als auf die Qualität des Verhaltens auszurichten und damit eine Symptomverschiebung in der Zeit zu erreichen. Zu verschreiben wäre ein anderer Zeitpunkt des Problemverhaltens, also sein früheres oder späteres Auftreten, oder ein zeitliches Intervall zwischen einem definierten vorausgehenden Ereignis und dem aufzulösenden Problemverhalten. Gelingt als erster Schritt die intendierte Symptomverschiebung, dann verliert das Problem seine scheinbar zwingende Macht. Damit öffnen sich Türen zu umfassenderen Lösungsmöglichkeiten, denn bisweilen imponiert ein dramatisches und unveränderlich erscheinendes Symptom gleichsam als „Hüter der Schwelle" zu grundsätzlicheren Veränderungen.

4.9.5 Bewusstmachen des eigenen Zeitempfindens

Die bewusste Begegnung mit Zeit wird Kindern zuerst durch die Erwachsenen vermittelt. Ihre Alltagserfahrung konfrontiert sie mit den verschiedenen Zeitattributen („jetzt", „jetzt nicht", „zu früh", „zu spät", „rechtzeitig" oder „pünktlich" u. a. m.) längst, bevor sie von Wochentagen und Monatsnamen hören und den Umgang mit der Uhr erlernen. Sie erfahren das Gefühl der Langeweile, sollen sich beeilen oder die Ausführung einer Handlung zeitlich verschieben. Sie erleben sich selten als die Herren ihrer Zeit und beanspruchen das anfangs auch nicht, sondern richten sich eher nach den zeitlichen Vorschriften durch die Umgebung: Mahlzeiten, Anfang und Ende von Kindergarten und Schule, Stundenpläne und Ferienzeiten. Die erste eigene Uhr geht bald verloren, wenn sie zu früh geschenkt wurde. Aus unserer Erfahrung heraus können Kinder vom neunten, zehnten Lebensjahr an für das bewusste Erleben von Zeit und den kontrollierenden Umgang mit ihr interessiert werden. Ist das bisher nicht geschehen, erfahren sie damit in der Therapie einen für sie deutlich spürbaren Zuwachs an Autonomie, der therapeutisch von Wert ist.

Fallbeispiel: Ein zehnjähriger Junge, der nachts noch einnässt, setzt als einen Therapiebaustein mit Neugier und Stolz eine eigens für ihn angeschaffte Stoppuhr ein, mittels deren er die Dauer seines Urinflusses am Tage messen soll. Nicht nur der auf die Zeit und die bewusste Blasenentleerung fokussierende technische Ablauf dieses von ihm über mehrere Tage zu dokumentierenden Messvorganges: „Los!", und – noch bedeutsamer –: „Stopp!", findet seine Faszination; vielmehr erfährt er dabei seine Selbstwirksamkeit: Er kann entscheiden und muss nicht nur den Anweisungen der Erwachsenen folgen. Das Sichbewusstwerden des Zeitverlaufes der Ausscheidungsfunktion kann ihm dabei helfen, die Kontrolle über seine Blasenfunktion und damit das Trockenwerden zu seiner Sache zu machen.

4.10 Erziehung, Macht und Selbstwirksamkeit

Zeigt ein Kind eine Verhaltensauffälligkeit von Störungscharakter, werden dadurch verschiedene Machtmechanismen ausgelöst. Die erziehende und therapeutische Umgebung ist mit intrusiven Anstrengungen ebenso um wünschenswerte Verhaltenskorrekturen bemüht, wie dagegen das betroffene Kind seine eigenen Bestrebungen durchzusetzen versucht. Es entspricht seiner Natur, sich seinen eigenen Impulsen folgend der Grenzen aufzeigenden und auf die Einhaltung von Regeln beharrenden sozialen Umgebung zu widersetzen. Die kontroverse Diskussion, die in den späten 60er-Jahren des vergangenen Jahrhunderts durch die so genannte antiautoritäre Bewegung ausgelöst wurde, zeigt weiterhin Wirkung. Die wertvolle Bemühung um die Vermeidung von Machteskalationen führt allerdings bereits gegenüber Kleinkindern häufig zur Aufgabe aller erzieherischen Anstrengungen, wenn das pädagogische Ziel nicht durch sprachliche Interventionen zu erreichen ist. Handelnde Erziehung ist in Misskredit geraten und wird zumeist mit der Anwendung körperlicher Strafen assoziiert. Diese Entwicklung begünstigt die machtvollen Intentionen der pharmazeutischen Industrie, ratlosen Eltern und Pädagogen Arzneimittel zur Verfügung zu stellen, die jene Regulationen bewirken sollen, die mit den versuchten erzieherischen Mitteln nicht zu erzielen waren. Von Anfang ist an jede Pädagogik und schließlich Therapie die Forderung zu stellen, dass ein Kind zur Erfahrung von Selbstwirksamkeit gelangt. Das „Ich kann bewirken" im Unterschied zum Gefühl der lediglich als fremdbestimmt empfundenen Anpassung an die Ansprüche und Erwartungen der sozialen Umgebung ist ein wirksames Regulanz gegenüber dem Dominanzanspruch der eigenen – eigentlich kontrollbedürftigen – Impulse. Ebenso werden Handlungen des Kindes, die ihm erst nach Verabreichung von Arzneien möglich sind, von ihm nicht als Ausdruck der eigenen Kompetenz erlebt und schließlich auch nicht als fest verankertes Verhaltensinventar und verfügbar verbucht. In dem Maße, wie ein Kind mithilfe psychotherapeutischer Bemühungen seine Selbstwirksamkeit erfahren hat, können die erzieherischen Bemühungen zurücktreten. Kinder „entlassen ihre Eltern" allerdings nur dann aus deren erzieherischem Auftrag, wenn diese belegen, dass sie gegen Ende der Kindheit ihres Nachwuchses gut mit ihrem eigenen Leben zurechtkommen. Von einer differenzierten systemischen Familienarbeit ist zu fordern, dass sie den Eltern und zugleich den Kindern nützlich ist: beiden Subsystemen zur Erfahrung von Selbstwirksamkeit verhilft.

5 Zwölf kommentierte Arbeitsberichte

Wir führen unsere kinderpsychiatrische Praxis seit 1988 mit systemischer Orientierung und haben über die Zusammensetzung der Klientel an anderer Stelle berichtet (Bonney 1998a), nachdem wir ca. 2000 Familien gesehen hatten.

Die katamnestische Prüfung der Wirksamkeit der eingeschlagenen systemischen Lösungswege ergab günstige Verläufe mit stabilen Ergebnissen nach einem Intervall von zwei Jahren bei ca. 63 % der Beratungsanlässe nach im Mittel sechs Kontakten innerhalb von neun Monaten Therapiedauer.

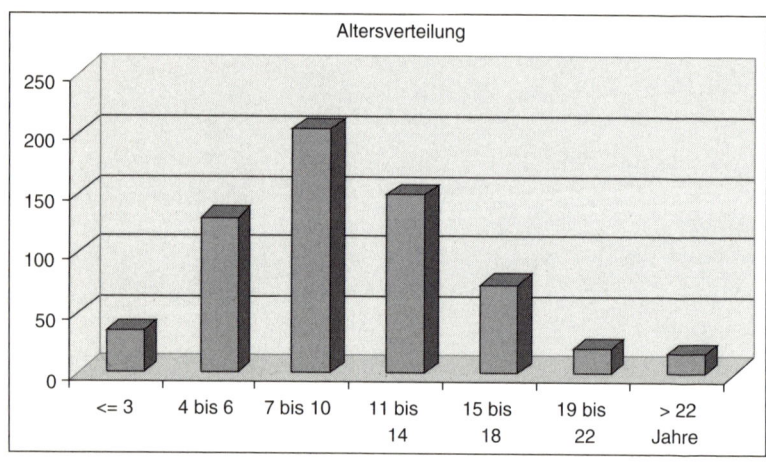

Diagramm 1: Altersverteilung

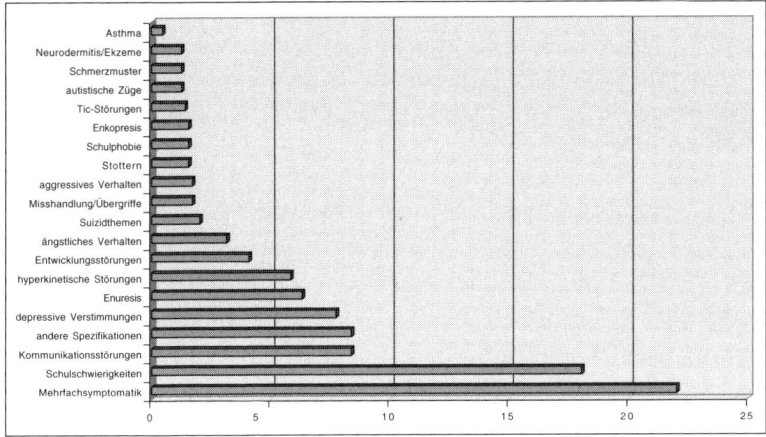

Diagramm 2: Häufigkeiten der führenden Symptomatik

Die folgenden Arbeitsberichte beziehen sich überwiegend auf die Klientel aus einer ländlichen Region mit damals eher spärlicher psychotherapeutischer Versorgung. Die Rat suchenden Familien nahmen ohne wirkliche Alternativen oder Wahlmöglichkeiten die kinderpsychiatrische Kassenarztpraxis in Anspruch. Sie waren prinzipiell nicht über den wissenschaftlichen Diskurs, Krankheitsmodelle und psychotherapeutische Modalitäten innerhalb der Kinder- und Jugendpsychiatrie informiert. Sie erlebten die angebotene Familienorientierung in der Regel als sinnvoll und zeigten sich mit dem zumeist geübten Verzicht auf den Einsatz von Psychopharmaka einverstanden. Sie schienen über die klassischen systemischen Arbeitsmittel keineswegs erstaunt und konnten gut mit dem Wandel von einer Pathologie- zur Lösungsorientierung umgehen. Die von Wertschätzung und Humor geprägte Arbeitsatmosphäre wirkte erleichternd und ermöglichte in der Regel tragfähige Arbeitsbündnisse, zumal Krankenhauseinweisungen ausgesprochen selten erforderlich waren. Rasch erzielte Lösungen und neu auftauchende Zielsetzungen außerhalb des ersten Beratungsanlasses wurden eher als willkommen erlebt. Zuweisende Arztpraxen oder andere psychosoziale Institutionen zeigten sich über ihre Einbindung in die Lösungskonstruktionen erfreut und kaum einmal konkurrierend, wenn auch die Geschwindigkeit, mit der Behandlungsprozesse abgeschlossen werden konnten, bisweilen mit Verwunderung registriert wurde. Die Beratungsanlässe erstreckten sich auf das gesamte Spektrum kinder-

und jugendpsychiatrischer Störungsbilder innerhalb einer Altersspanne vom Kleinkind bis zum jungen Erwachsenen.

Für die folgenden Arbeitsberichte wurden beispielhaft solche Fälle ausgewählt, anhand deren Einsatz und Wirkung systemischer Arbeitsmittel plastisch dargestellt werden können. Um die eingeschlagenen Lösungswege zu verdeutlichen, wird den einzelnen Berichten die gemäß DSM-IV (Saß et al. 1996) bzw. ICD-10 (Remschmidt et al. 2001) defizitorientierte Klassifikation einschließlich des üblichen therapeutischen Spektrums vorangestellt. Auf die Darstellungen folgen jeweils Kommentierungen, die das systemische Vorgehen reflektieren und – wenn erforderlich – zu erweiterten Studien einladen sollen.

5.1 Belastungs- und Anpassungsstörungen: Posttraumatische Belastungsstörung (F 43.1)

Bedeutsame Lebensereignisse, die nicht erfolgreich bewältigt werden konnten, gelten als Ursachen für Belastungs- und Anpassungsstörungen. Das multiaxiale Klassifikationsschema für psychische Störungen des Kindes- und Jugendalters führt folgende Kategorien solcher Ereignisse auf (Remschmidt et al. 2001, S. 387 f.):

– Verlust einer liebevollen Beziehung
– bedrohliche Umstände infolge von Fremdunterbringung
– negative veränderte familiäre Beziehung durch neue Familienmitglieder
– Ereignisse, die zur Herabsetzung der Selbstachtung führen
– sexueller Missbrauch
– unmittelbar beängstigende Erlebnisse.

Herauszuheben sind der Tod eines Elternteiles, Scheidung der Eltern, Geburt eines Geschwisters und erworbene körperliche Krankheiten und Verletzungen. Die Bewertung dieser Lebensereignisse durch das traumatisierte Kind prägt die Auswirkungen auf die seelische Verfassung.

F 43.0	Akute Belastungsreaktion
F 43.1	Posttraumatische Belastungsstörung
F 43.2	Anpassungsstörungen
F 43.20	Kurze depressive Reaktion
F 43.21	Längere depressive Reaktion
F 43.22	Angst und depressive Reaktion gemischt
F 43.23	Mit vorwiegenden Störung anderer Gefühle
F 43.24	Mit vorwiegender Störung des Sozialverhaltens
F 43.25	Mit gemischter Störung von Gefühlen und Sozialverhalten
F 43.28	Mit sonstigen näher bezeichneten vorwiegenden Symptomen
F 43.8	Sonstige Reaktion auf schwere Belastung
F 43.9	Nicht näher bezeichnete Reaktion auf schwere Belastung

Tab.: Klassifikation der Belastungs- und Anpassungsstörungen gemäß ICD-10

Neben einer wenigstens vier Wochen andauernden Verlustangst als Hauptmerkmal dieser Störung, der eine Prävalenz von 4 % bei Mädchenwendigkeit zuzuschreiben ist, nennt die DSM-IV-Definition als fakultativ zugehörige Merkmale Apathie, Trauer, Angst vor dem Sterben und dem Tod, Gefühl der Bedrohung für die Integrität der Familie und die Äußerung eigener Todeswünsche. Die Zusatzcodierung „Früher Beginn" kann verwendet werden, wenn der Störungsbeginn vor dem sechsten Lebensjahr liegt. Die Kinder kommen laut Definition angeblich häufig aus einem „engmaschigen" Elternhaus und entwickeln ihre Störung nach schwierigen Lebensereignissen (z. B. Tod eines Verwandten oder eines Haustieres, Krankheit u. a. m.) entwickeln, die auch nach Phasen der Verschlimmerung und Remission jahrelang anhalten kann. Die Ausprägung von Resilienz, Vulnerabilität und Bewältigungsstrategien bestimmt, in welchem Maße das erfahrene Trauma seelische Bedeutung erhält (Masten et al. 1999; Masten 2001; Brooks a. Goldstein 2001). Die therapeutischen Bemühungen zielen auf die Bewältigung der auslösenden traumatischen Erfahrung mittels Spiel- oder Verhaltenstherapie (Petermann 1997, S. 245 f.) einschließlich Elternberatung.

Martin
Martin, erst vier Jahre alt, bewältigt den Unfalltod seines Vaters und unterstützt dabei seine Mutter

Zum Erstgespräch erscheint zunächst die Mutter des Kindes, Frau F., allein. Sie sorgt sich um den vierjährigen Sohn, der angekündigt hatte, sterben zu wollen. Der Kinderarzt der Familie hatte die Äußerungen des Jungen ernst genommen, auch wenn Martin bisher keinerlei ihn gefährdende Verhaltensweisen gezeigt hatte. Vorausgegangen war vor vier Monaten der tragische Unfalltod des Vaters. Er hatte als Führer eines mit Getreide beladenen Lkw während einer Autobahnfahrt ein heftiges Bremsmanöver ausführen müssen. Dabei begrub die bewegliche, ungesicherte Ladung die Fahrerkabine unter sich und verschüttete Herrn F. unrettbar.

Frau F. teilt nun die Vielfalt ihrer Belastungen und der notwendigen Bewältigungsanstrengungen mit: Sie hat nicht nur mit dem Tod ihres Mannes und den Reaktionen ihres einzigen Kindes darauf umzugehen, vielmehr ist sie seit dem Unfall vermehrt mit den Ansprüchen und Versorgungswünschen ihrer vital gebliebenen Schwiegereltern konfrontiert, mit denen sie das Haus teilt. Als nun allein erziehende Mutter sieht sie sich auf die Hilfe der Großeltern bei der Betreuung von Martin angewiesen, um schon aus materiellen Gründen in nächster Zukunft ihre Berufstätigkeit als Verwaltungskraft wieder aufnehmen zu können. Die Großeltern machen der Mutter gegenüber keinen Hehl daraus, in Martin gleichsam den Ersatz für den so früh verloren gegangenen Sohn zu sehen. Auch mit diesem Motiv intensivieren sie die Betreuung des Enkels, der sich ohnehin oft und gerne in ihrer Wohnung aufgehalten hatte. Tief erschüttert über den Verlust ihres Sohnes, sehen sie sich außerstande, mit der Trauer der Schwiegertochter zu fühlen. Zum Entsetzen der Mutter teilt Martin bald mit, wie sein Vater Lkw-Fahrer werden zu wollen, was sie nicht nur als Ausdruck seiner Identifikation mit dem verstorbenen Vater, sondern auch – oder gar viel mehr – als empathische Loyalität gegenüber den Wünschen der Großeltern erlebt: Ein Bruder des Großvaters war ebenfalls als Lkw-Fahrer früh ums Leben gekommen.

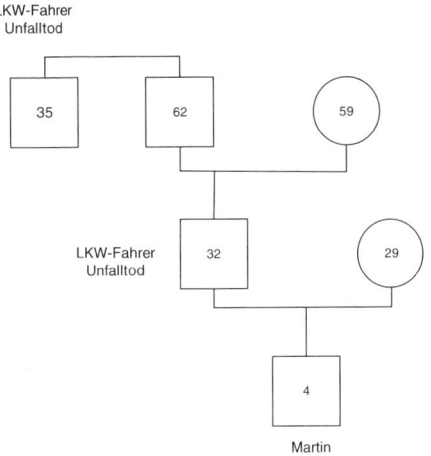

Genogramm Familie F., väterliche Linie

Frau F. ist erst jetzt zu der Vermutung gelangt, dass im Sinne familiärer Delegation schon ihr nun verunfallter Mann gleichsam die Lebensgeschichte seines Onkels vervollständigen sollte. Sie fürchtet nun um eine unheilige Fortsetzung der Familiengeschichte, deren Ansprüchen sich zu widersetzen sie kaum Kräfte spürt. Die unmittelbare, Entspannung und Beruhigung bedeutende therapeutische Hilfestellung für Martin geschieht in einer einzigen Sitzung gemeinsam mit der Mutter. Angeregt durch ein Sceno-Spiel, kann der Verlust des Vaters mit Martin thematisiert werden. Er lässt sich ohne Schwierigkeiten dazu anleiten, im Spiel imaginiert mit dem Vater zu sprechen und ihm – in einfachen Sätzen vorformuliert – zu versichern, dass er, Martin, auf der Erde noch einiges zu erledigen hätte und daher weiterleben wolle und müsse.

In der Folge erteilt Frau F. den therapeutischen Auftrag, sie bei der Bewältigung der absehbar notwendigen Auseinandersetzung mit den Schwiegereltern zu unterstützen. Zu Lebzeiten des Ehemannes hatten sich Herr und Frau F. auf einengende finanzielle Verpflichtungen eingelassen, die den Großeltern das Wohnen in dem geteilten Hause erst ermöglichten, da diese trotz eigener Mittel ihren Kaufvertrag für ihre Eigentumswohnung nicht erfüllten oder erfüllen mochten. Jetzt auf die Unterstützung der Großeltern bei der Betreuung von Martin angewiesen und im Stillen loyal mit ihrem verunfallten Mann, fühlt sich Frau F. unfrei, eigene Entscheidungen zu treffen:

sich u. U. von ihrer Wohnung und damit von den Schwiegereltern zumindest räumlich zu trennen, realitätsorientiert ihre Berufspläne zu verfolgen und als früh verwitwete Frau eine Zukunftsplanung zu entwickeln und durchzusetzen. Zugleich spürt sie den Anspruch der Großeltern, ihnen den Enkel gleichsam zu überlassen. So muss sie zunächst den Mut fassen, das sie mit den Schwiegereltern verschweißende Immobilienvertragswerk aufzulösen, ihren Hausanteil zum Verkauf anzubieten, somit jede Auseinandersetzung mit den Eltern ihres verstorbenen Mannes zu wagen und dennoch achtungsvoll mit ihnen umzugehen. Schließlich will sie den Kontakt zwischen Martin und seinen Großeltern nicht zerstören, das Kind jedoch vor den Wirkungen der im Grunde gar Gefahr bedeutenden bzw. Risiken vermittelnden Projektionen womöglich zu schützen. Die Großeltern werden dazu eingeladen, sich an der Gestaltung der Lösung zu beteiligen, wollen sich jedoch nicht in die Beratung einbinden lassen. Frau F. bezieht in einem benachbarten Dorf eine kleinere Wohnung und nimmt eine Teilzeitstellung an, die ihr ein früherer Arbeitgeber anbietet. Zur Betreuung von Martin stützt sie sich nicht nur auf seine Großeltern, beachtet jedoch dabei, dass der Enkel in gutem Kontakt zu ihnen bleibt. Die Verwirklichung der gelungenen Autonomieschritte hatte u. a. zur Voraussetzung, dass sie im Verlauf der familienbezogenen Arbeit auch ihre Verwobenheit in ihre eigene Herkunftsfamilie erkennt und auflöst.

Kommentar

IP-Symptomatik:
Längere depressive Reaktion, Suizidgedanken

Systemische Hypothese:
Trauer und mitgeteilte Todeswünsche des Sohnes verhelfen der Mutter zu den Kräften, mit denen sie weiter für sich und für ihn sorgen kann.

Elternebene:
Mangelnde Abgrenzung des Vaters zu dessen Lebzeiten von seinen Eltern.
Verstrickung der Mutter mit scheinbar unabdingbaren Existenzvoraussetzungen ihrer Schwiegereltern.

Dreigenerationenperspektive:
Nicht bewältigte Todeserfahrungen früherer Familienmitglieder und großelterliche Delegation der „Fortsetzung" des Lebens ihres Sohnes an den Enkel.

Interventionen:
→ *Kind:* „Dialog" mit dem verstorbenen Vater.
→ *Mutter:* Auflösung der Verstrickung und Ermutigung zur Autonomie.
→ *Großeltern:* „Korrektur" der Delegation: Annahme von Martin als Enkel.

Die Genogrammarbeit verdeutlicht von Anfang an, dass nicht nur Martin den plötzlichen Verlust des Vaters und seine Mutter den frühen Tod ihres Mannes zu bewältigen haben. Die im Grunde verständlichen Ansprüche der väterlichen Herkunftsfamilie erschweren die Verarbeitung der Verlusterfahrungen durch Martin, der spürt, dass seine Großeltern ihn an die Stelle seines verstorbenen Vaters setzen wollen. Die daraus entspringende Rollenkonfusion bedeutet für ihn eine zusätzliche Belastung. Mit Blick auf die Dreigenerationenperspektive gelingt die Lösungsarbeit über die Auflösung der Verstrickung der Mutter, nachdem zuvor Martin im fiktiven Dialog mit dem verstorbenen Vater seinen Lebenswunsch bekräftigt hat. Die Großeltern lassen sich nicht unmittelbar in den Therapieprozess einbeziehen, da dieser dem von ihnen gewählten Bewältigungsmodus entgegensteht. Sie möchten den Enkel Martin eigentlich bei sich in der Wohnung an Kindes statt aufnehmen und seine Mutter darauf verpflichten, für ihr materielles Wohl zu sorgen, obwohl sie dazu selbst in der Lage wären. Sie müssen jedoch akzeptieren, dass die Schwiegertochter ihren Hausanteil verkauft und damit u. a. für ihre finanzielle Absicherung sorgt. Da Martins Mutter dabei ohne Zorn, sondern versöhnlich mit ihnen im Kontakt bleibt und die Begegnung zwischen Großeltern und Enkel erhält und unterstützt, können sie sich schließlich mit dem eingeschlagenen Lösungsweg arrangieren. Die Mutter findet eine sichere, abgegrenzte und kräftige Position und erkennt mit Blick auf ihre eigene Herkunftsfamilie, welchen Anteil sie an der Entwicklung der Verstrickung hatte. Im Zuge dieses klärenden Prozesses erfährt Martin die gewachsene Stabilität und Verlässlichkeit der ihm gebliebenen Mutter, auf die er sich stützen kann und für die er nun nicht zu sorgen braucht.

5.2 Somatoforme Störungen: Erbrechen, Enuresis und Enkopresis (F 45.0)

Rezidivierende und vielgestaltige körperliche Symptome, die nicht körperlich erklärbar sind, charakterisieren die somatoformen Störungen bei Kindern und Jugendlichen (Steinhausen 2002, S. 162). Sind die Beschwerden chronifiziert, erfolgen zumeist umfangreiche körperliche Untersuchungen, die keinen krankhaften Befund ergeben, die entweder Art und Ausmaß oder das Leiden und die innerliche Beteiligung des Patienten erklären könnten (Remschmidt et al., 2001, S. 211).

F 45.0	Somatisierungsstörung
F 45.1	Undifferenzierte Somatisierungsstörung
F 45.2	Hypochondrische Störung
F 45.3	Somatoforme autonome Funktionsstörung
F 45.30	Herz und kardiovaskuläres System
F 45.31	Oberer Gastrointestinaltrakt
F 45.32	Unterer Gastrointestinaltrakt
F 45.33	Respiratorisches System
F 45.34	Urogenitalsystem
F 45.38	Sonstige Organe oder Organsysteme
F 45.4	Anhaltende somatoforme Schmerzstörung
F 45.8	Sonstige somatoforme Störung
F 45.9	Nicht näher bezeichnete somatoforme Störung

Tab.: Klassifikation der somatoformen Störungen gemäß ICD-10

5.2.1 Habituelles Erbrechen (F 45.31)

Rezidivierende Bauchschmerzen sind ein charakteristisches Somatisierungssymptom im Kindesalter und häufig von Erbrechen, Klagen über Kopfweh, Blässe, Müdigkeit und emotionalen Störungen begleitet. Kinder mit rezidivierendem (habituellem) Erbrechen imponieren oft als ängstlich, depressiv und regredierend. Sie werden von den Eltern im Gegensatz dazu auch als feindselig und von ihnen abhängig bezeichnet. Die wechselseitige Problematik wird deutlich, wenn seitens der Therapeuten die Mütter (Eltern) dieser irritierten Kinder als diese ablehnend geschildert werden. Handelt es sich um ein chronifiziertes Beschwerdebild, empfehlen die kinderpsychiatrischen Lehrbücher eine stationäre Behandlung mit individuumzentrierten und familienbezogenen therapeutischen Elementen.

Gisela
Gisela, sieben Jahre: „Wie lange muss ich erbrechen, bis sich endlich etwas ändert?"
Die Mutter des Mädchens meldet sich in der städtischen Kinderklinik und wird von dort an die kinderpsychiatrische Sprechstunde verwiesen. Anschließend erscheinen beide Eltern zum Erstgespräch. Gisela, das einzige Kind der Eltern, hat sich vom Anfang an zur großen Zufriedenheit und Freude der Eltern entwickelt. Schon früh zeigte sie sich aufgeweckt und stets lernbereit. Mit drei Jahren begann sie mit nächtlichem Erbrechen: Die Mutter, Frau D., wie immer am Abend allein, da der Vater als Croupier in der nahe gelegenen Spielbank seinen Dienst zu versehen hatte, hörte würgende Geräusche aus dem im oberen Stockwerk des Familienhauses gelegenen Kinderzimmer, eilte nach oben und fand ihre Tochter im Bett sitzend und sich erbrechend vor. Gisela schlief dann nach der notwendigen Säuberung ohne Umstände ein. Herr D. kam nach seiner Arbeit, wie stets, um 2.00 Uhr nachts nach Hause. Seine Frau hatte ihn, wie für sie üblich, erwartet. Beide Eltern sahen nochmals nach ihrer Tochter und beendeten dann ihren Tag. Gisela war am nächsten Morgen völlig unauffällig. Sie hatte bis dahin einen vollständig gesunden Eindruck gemacht, weshalb das Erbrechen für die Mutter unerklärlich blieb. Die kinderärztliche Untersuchung am nächsten Tage erbrachte keinerlei krankhaften Befund. Als sich das nächtliche Erbrechen dann mehrfach wiederholte, wurde das im Übrigen als vollkommen gesund imponierende Kleinkind eingehender körperlicher Diagnostik unterzogen, um mögliche körperliche Störungen oder Anomalien des Verdauungstraktes auszuschließen. Sämtliche Untersuchungen bewiesen die körperliche Gesundheit des Kindes.

Das nächtliche Erbrechen habituierte sich: Regelmäßig und pünktlich hört die Mutter um 22.00 Uhr die akustischen Vorboten des

Erbrechens, eilt rechtzeitig in das Kinderzimmer, um ihrer Tochter eine bereitstehende Brechschale vorzuhalten. Danach schläft Gisela ohne Umschweife ein. Um 2.00 Uhr kehrt der Vater von der Arbeit zurück. Am nächsten Morgen erkundigt sich die Tochter bei der Mutter, ob sie in der vergangenen Nacht erbrochen hat. Die Eltern richten sich über vier Jahre mit dem sich nun stabilisierenden Verlauf des Tages und der Nacht ein: Herr D. verlässt um 19.00 Uhr das Haus, Frau D. bringt Gisela danach zu Bett und verbringt ihren Abend im Wohnzimmer. Die Tochter erbricht um 22.00 Uhr, dabei versorgt durch die Mutter, die ein nächtliches Ersticken des Kindes befürchtet, wenn es sich im Schlaf liegend übergeben muss. Der Vater kehrt am frühen Morgen aus der Spielbank zurück. Frau D. erwartet ihn, beide gehen nach einer kleinen Mahlzeit zu Bett.

Schließlich stellen die Eltern ihre mittlerweile sieben Jahre alte Tochter in der kinderpsychiatrischen Sprechstunde vor. Gisela imponiert als waches, intelligentes Kind kurz vor der Einschulung. Die eingehende psychologische Untersuchung gibt keinerlei Hinweis auf eine seelische Störung. Die Eltern machen keinerlei Mitteilung über familiäre Problemkonstellationen. Herr D., schottischer Herkunft und seit langen Jahren in Deutschland, ist gesund und mit seiner Arbeit und dem sich daraus ergebenden typischen Tagesablauf, also mit der Spätschicht, zufrieden. Frau D. teilt mit, dass sie ihren kaufmännischen Beruf nach Eheschließung und Geburt des einzigen Kindes aufgegeben hat. Sie zeigt sich umfassend verantwortlich für das Wohl der Tochter und der Familie. Es ist für sie selbstverständlich geworden, auch am Abend für ihre Tochter verfügbar zu sein. Sie hat nie erwogen, einen Babysitter zu engagieren. Die erbetene Hilfestellung sucht sie, weil sie befürchtet, für ihre Tochter als Mutter nicht gut genug zu sein und daher deren nächtliches Erbrechen zu verschulden. Beide Eltern können sich nach dem langen Verlauf Änderungen nicht mehr vorstellen.

Nach der erwähnten Rückversicherung hinsichtlich der seelischen Gesundheit des Kindes und der nicht indiziert erscheinenden psychotherapeutischen Behandlung kam es zu folgender Intervention: In Anwesenheit beider Eltern teilten wir dem Mädchen mit, dass zu ihrem Leben das nächtliche Erbrechen offensichtlich dazugehöre. Nur habe sich das notwendige Erbrechen zu ungünstiger Zeit eingerichtet: Es wäre doch besser, wenn Gisela am Abend vor dem Einschlafen und außerhalb ihres Bettes das Erbrechen hinter sich brächte. Das hätte zudem den Vorteil, dass die Mutter nicht länger ihr Ersticken während des Schlafens befürchten müsse. Entsprechend sollten beide Eltern am frühen Abend, bevor der Vater zur Arbeit gehen muss, Gisela zur Toilette begleiten, um sie dort unterstützen zu können. Gleich am nächsten Morgen sollte uns die Familie telefonisch darüber informieren, ob dieses Vorgehen sich als durchführbar gezeigt habe.

Am nächsten Tag berichtete die Mutter, man sei der Empfehlung gefolgt. Nur habe Gisela nicht erbrechen können und habe erstmals seit vier Jahren in der Nacht durchgeschlafen. In den darauf folgenden Tagen ließ sich das Mädchen am frühen Abend nicht mehr zur Toilette führen, erbrach zur Verwunderung der Eltern auch in der Nacht nicht mehr. In der Folge luden wir die nun entlasteten Eltern zur Nachbesprechung der erzielten Veränderungen ein. Jetzt erst machte Frau D. Mitteilung darüber, in welchem Maße sie sich im Grunde doch durch das regelmäßige nächtliche Erbrechen ihrer Tochter „festgenagelt" gefühlt habe. Ihre verständlichen Wünsche, am Abend andere Kontakte pflegen oder sich auch mit ihrer Fortbildung als Vorbereitung für einen beruflichen Wiedereinstieg befassen zu können, hatte sie angesichts der von ihr gnadenlos verlangten Präsenz am Abend aufgegeben. Sie hatte damit begonnen, ihrem Mann im Stillen zu grollen und mit der Ungleichverteilung der elterlichen Pflichten zu hadern. Ganz allmählich hatte sich ein seelischer Abstand zwischen den Eltern etabliert. Das erreichte Sistieren des nächtlichen Erbrechens versetzte die Eltern nun in die Lage, ihr Leben neun zu organisieren. Nachdem sie zunehmend sicher wurden, dass bei Gisela störungsfreie Nächte die Regel geworden waren, reisten sie zum gemeinsamen Urlaub nach Kanada. Die siebenjährige Tochter wurde in der Zeit von ihrer Großmutter betreut. Das Erbrechen hatte sich bleibend verabschiedet.

Fünf Jahre später meldete sich die Mutter vollkommen entgeistert in der Sprechstunde, da die Zwölfjährige wieder einmal nachts erbrochen hatte. Sie befürchtete den Beginn einer neuen Störungsepisode. Im Rahmen eines einzigen Gespräches mit der Familie in Anwesenheit der pubertären Tochter zeigen sich die familiären Beziehungen stabil und die Gesamtentwicklung des Mädchens unproblematisch. Eine prophylaktisch angebotene Begleitung nimmt die Familie dann nicht in Anspruch; die befürchtete Episode des chronischen Erbrechens entwickelt sich nicht.

Kommentar

IP-Symptomatik:
Habituelles Erbrechen

Systemische Hypothese:
Initiale Symptomatik im Dienste der Bindungssicherung mahnt die Mutter, an ihrem Lebensentwurf zu arbeiten.

Elternebene:
Latente Partnerkrise

Interventionen:
→ *Kind:* Verstörung der Assoziation von Symptomatik und Zeitpunkt
→ *Eltern:* Neuorganisation der Partnerschaft; Vervollständigung der Autonomie der Mutter

Während die Erhebung der kindlichen Anamnese den früheren Auslöser des Erbrechens nicht aufklären kann, verdeutlicht die Schilderung des Alltages die Bindung stiftende Wirksamkeit der ungewöhnlich lange perseverierenden und verlässlich erscheinenden nächtlichen Verhaltensauffälligkeit: So stabil, wie das Erbrechen zu kalkulierbarem Zeitpunkt geschieht, so stabil ist die Achtsamkeit der Mutter. Wenn Gisela sich am folgenden Morgen danach erkundigt, ob sie in der vergangenen Nacht erbrochen hat, verschafft sie sich Gewissheit darüber, ob die Mutter anwesend war, was sie also wahrgenommen und wie sie sich verhalten hat. Die Exploration der Mutter informiert über ihre Unzufriedenheit mit ihrer Abendgestaltung. Sie beklagt nicht nur ihre allabendliche Aufpasser- und Kontrollfunktion. Sie erlebt sich selbst durch ihre Tochter dominiert und kontrolliert, während sie ihrem Mann dessen beruflich ermöglichte Abwesenheit neidet, die sie konstant darauf verpflichtet, auch am folgenden Tage gänzlich auf die Fürsorge für ihr Kind eingestellt zu sein. Im Verlauf der Zeit entwickelt sie zunehmend Fantasien der Abwesenheit, auf die die Tochter mit den dazu passenden Verlustängsten reagiert: So etabliert sich ein Teufelskreis, durch den sich die Mutter zunehmend isoliert und eingeschränkt fühlt. Zugleich vermehrt sich ihre innere Distanz zu ihrem Mann, auf den sie sich am Abend nicht stützen kann. Diese Distanz wird ein weiterer Motor für die Tochter, die Mutter festzuhalten und zu kontrollieren.

Lange Jahre dazu gedrängt, das ihr notwendig erscheinende Erbrechen endlich aufzugeben, reagiert Gisela zwar überrascht, aber erleichtert auf die ihr nun seitens des Therapeuten erteilte Erlaubnis, an ihrer Symptomatik festhalten zu dürfen. Die Musteränderung geschieht außer durch diese Erlaubnis dadurch, dass den Eltern die Kontrolle über das Auftreten des Symptoms gegeben wird. Sie bestimmen in gemeinsamer Anwesenheit Ort und Zeitpunkt der kindlichen Verhaltensweise. So gerät die Mutter aus ihrer Opferrolle, auf das Erbrechen allein und in Abwesenheit des Vaters reagieren zu müssen. Die Organisation der Orts- und Zeitumstände des Erbrechens durch beide Eltern bewirkt eine angstreduzierte Neubewertung der Symptomatik, die dieser ihre Bedeutung nimmt. Diese Neukontextualisierung der kindlichen Verhaltensweise nimmt dieser ihren früheren Sinn, weshalb sie unmittelbar gelöscht wird.

Befreit von der belästigenden Situation, kontrollieren zu müssen und ebenso kontrolliert zu sein, können sich beide Eltern neuen Gesprächsinhalten zuwenden. Sie fühlen sich entlastet und halten neue Freiheitsgrade für denkbar: die Mutter, weil sie sich nun mit eigenen Zielen befassen kann, der Vater, weil er mit besserem Gewissen seiner Arbeit nachgehen kann, das Ehepaar, weil sich beide gemeinsame Zeit füreinander ohne ihre Tochter vorstellen können. Und diese Spannungsreduktion kann das Kind als Faktor der gewachsenen Sicherheit erleben, die Kontrollbemühungen seinerseits überflüssig macht.

5.2.2 Enuresis nocturna (F 98.0)

Im Alter von fünf Jahren haben ca. 90 % aller intellektuell altersgemäß entwickelten Kinder eine stabile Kontrolle über ihre Blasenfunktion erworben. Nässt ein Kind jenseits dieser Altersstufe wiederholt mehrfach wöchentlich ein, besteht eine Enuresis. Die Enuresis nocturna zeigt die folgenden Formen: isolierte Enuresis nocturna: nächtliches Einnässen ohne nachweisbare Blasenfunktionsstörung; primäre nichtmonosymptomatische Enuresis nocturna, bei der Miktionsauffälligkeiten am Tage bestehen; und sekundäre Enuresis nocturna, wenn nach einer trockenen Periode von sechs Monaten das nächtliche Einnässen erneut auftritt. Zur ursächlichen Erklärung sind genetische Aspekte, organische Faktoren und psychische Gesichtspunkte von Bedeutung. Nach sorgfältiger klinischer Diagnostik hat die Behandlung im Wesentlichen mit psychologischen Mitteln zu erfolgen. Eine nicht auf die Symptomatik bezogene Psychotherapie scheint eher ineffektiv zu sein, während z. B. verhaltenstherapeutisches Vorgehen gute Wirkungen zeigt. Hinzuweisen ist auf eine hohe Spontanremissionsrate. Da die subjektive seelische Belastung mit wachsender Zeitdauer zunimmt, sollte die Behandlung möglichst früh beginnen und erfolgreich sein. Die Arzneimittelbehandlung erweist sich angesichts hoher Rückfallquoten nach Absetzen des Mittels als wenig effektiv und soll nur dann unternommen werden, wenn kurzfristige Effekte erzielt werden müssen, Entlastung bei innerfamiliären Krisen gesucht wird oder andere Behandlungsversuche sich als wirkungslos erwiesen haben. Die apparative Konditionierung gilt zwar als die erfolgreichste Therapiemethode, wirkt aber unter ambulanten Bedingungen nur eingeschränkt, da die Kinder dazu neigen, den Weckreiz der Geräte zu vermeiden, indem sie die Stromzufuhr unterbinden oder den sachgerechten Einsatz zu verhindern wissen.

Karla
Karla, sechs Jahre, verkauft erfolgreich ihre „Pinkelgeister".
Karla ist als sehr intelligentes Mädchen schon früh eingeschult worden, weil sie im Kindergarten deutlich ihren Willen zeigte, „mit den Großen" lernen zu wollen. Feinsinnig und von ansehnlicher Gestalt, macht sie ihren Eltern und der Klassenlehrerin Freude und lässt keinen Zweifel an der Richtigkeit der Schulentscheidung aufkommen. Einzig das verspätete Trockenwerden gibt den Eltern Anlass zur Sorge. Auch Karla möchte nächtliche Sicherheit gewinnen, da sie sich als stets kontaktbereites Mädchen gerne bei anderen Kindern zur Übernachtung einladen lässt.

Die Entwicklung des Kindes ist seit der Geburt und nach Überwindung einer schweren Infektionskrankheit im Alter von zwei Jahren unauffällig verlaufen. Simultan an Keuchhusten, Masern und Pfeifferschem Drüsenfieber erkrankt, musste sie damals für kurze Zeit stationär behandelt werden. Während der Behandlungstage wurde sie ganztags von der Mutter betreut. Sie war bald wieder vollständig gesund und bot später keinen erneuten Anlass zur Sorge. Weder die kinderpsychologische Untersuchung noch die Nachzeichnung der Familienentwicklung ergab Hinweise auf eine Konfliktkonstellation, die das fortbestehende Einnässen des körperlich gesunden Kindes hätte erklären können und differenzierte psychotherapeutische Behandlung verlangt hätte.

Ohne lange Vorbereitung gefragt, gibt Karla an, „99 Pinkelgeister" zu haben. Auf die Bitte des Therapeuten fertigt sie zeichnerische Darstellungen von zunächst einem und dann noch fünf weiteren „Pinkelgeistern" an. Auf dem Papier entstehen mit Bluse und Rock bekleidete Gestalten, die jeweils spitze, aus dem Mund hervortretende Zähne aufweisen. Bereitwillig stimmt sie zu, die gezeichneten Geister an den Vater zu verkaufen. Sie nennt dafür erhebliche Preise, die ihr ohne Diskussion bezahlt werden. Ab sofort ist sie trocken. Drei Wochen später nässt sie erneut ein und „findet" 20 weitere Geister, die ihr ebenfalls abgekauft werden. Das bleibt zunächst ohne Erfolg. Wenige Tage später berichtet Karla von dem „Chefpinkelgeist", der sich bis dahin in ihrem Kleiderschrank versteckt hätte. Nach anfänglichem Zögern zeichnet sie auch dieses besonders schrecklich aussehende Exemplar und verkauft es. Zusammen mit den anderen wird dieser mit „Schlafpulver" aus dem Salzstreuer betäubt und in einen verschnürten Karton eingesperrt. Karla bleibt seitdem trocken und gibt keinen anderen Anlass zur Sorge. Auch vier Jahre später macht sie einen respektvollen Bogen um diesen Karton, den der Vater in seinem Arbeitszimmer aufgehoben hat.

Kommentar

IP-Symptomatik:
Persistierendes nächtliches Einnässen

Systemische Hypothese:
Stille Koalition der allzu selbstkritischen Tochter mit der Leistungsbetontheit der Mutter

Elternebene:
Sorgenhaltung der Mutter, selbst nicht gut genug zu sein; zu geringe Übereinstimmung mit der optimistischen Lebenseinstellung des Vaters

Dreigenerationenperspektive:
Mutter in den Augen der eigenen Eltern nie gut genug

Interventionen:
→ *Kind:* Hypnotisches Verkaufsgeschäft mit „bösen Geistern".
→ *Eltern:* Spielerisch und auf Entspannung zielende Koalition des hoffnungsvoll eingestellten Vaters mit dem leistungsbetonten Kind. Ermutigung der Mutter, dem guten Ergebnis Dauerhaftigkeit zuzutrauen.

Methodisch gelangt hier die Externalisierung von Problemen zum Einsatz (White und Epston 1994, S. 55 ff.). Es mag verwundern, mit welcher Leichtigkeit Karla darauf eingeht, das Problem des Einnässens zu personifizieren. Offensichtlich erleichtert, dass nicht sie, sondern die „Pinkelgeister" für das Problem verantwortlich sind, fertigt sie ihre erschreckenden Darstellungen an und lässt sich auf deren Veräußerung an den Vater ein, der damit die Ursachen symbolisch übernimmt. Die Koalition zwischen ihm und ihr unter Ausschluss der Mutter scheint insofern Bedeutung zu bekommen, als Karla sich der Mutter gegenüber nicht mehr zu verantworten hat, nicht in ihrer Schuld steht, wenn nun die große Schar der „Pinkelgeister" in die Verantwortung genommen wird. Der „Deal" mit dem Vater bekommt zentrale Bedeutung und defokussiert von der Erwartungsspannung bei Tochter und Mutter im Hinblick darauf, ob die folgenden Nächte trocken oder nass verlaufen werden. Das umgehend erzielte Sistieren der Enuresis wirkt entlastend auf die Mutter. Sie muss nun nicht weiterhin von einer schwerwiegenden Störung ausgehen, die sie als möglicherweise durch ihre Unzulänglichkeit ausgelöst deuten muss.

Matthias
Matthias, zwölf Jahre: Zeitliche Orientierung führt zu trockenen Nächten.
Frau E., von Beruf Kindergärtnerin, stellt Matthias, ihr einziges Kind, wegen fortbestehender Sprechschwierigkeiten vor: Sein Stottern erklärt sie sich dadurch, dass ihrem Sohn „die Worte so schlecht einfallen" würden. Jetzt kurz vor der Einschulung sorgt sie sich um seinen Schulerfolg, falls die Lehrer ihm nicht genügend Zeit lassen würden. Matthias wurde phoniatrisch eingehend untersucht und bereits ohne wesentlichen Erfolg logopädisch behandelt. Angesichts mehrer stationärer Behandlungen zwischen seinem zweiten und sechsten

Lebensjahr, während deren u. a. eine nicht näher bezeichnete – später jedoch nicht verifizierbare – Stoffwechselstörung entdeckt worden sei, geht die Mutter von einer vermehrten Verwundbarkeit ihres Sohnes aus, die auch ihren Erziehungsstil im Sinne von großer Vorsicht beim Setzen von Grenzen und Regeln prägte. Frau E. erwähnt zwar auch die bei Matthias fortbestehende Enuresis nocturna, sieht jedoch zunächst keine Veranlassung für eine entsprechende Behandlung. Die Kernfamilie lebt im Elternhaus der Mutter und hat sich in allem streng nach den Vorschriften des Großvaters mütterlicherseits zu richten. Herr E., von Beruf Ingenieur, ist seit einiger Zeit um eine wirtschaftlichen Erfolg suchende Selbstständigkeit bemüht und verbringt seinen überlangen Arbeitstag in seinem Büro außerhalb der Familienwohnung. Frau E. leidet unter der Gehorsam verlangenden Dominanz ihres Vaters, traut sich jedoch in keiner Weise, ihre eigenen Lebensziele zu verfolgen, wenn das hieße, sich damit in Opposition zu ihrem Vater zu bringen.

Nach eingehender kinderpsychiatrischer und heilpädagogischer Diagnostik erhält Matthias durch die Logopädin des sozialpsychiatrischen Teams über längere Zeit eine kontinuierliche Förderung. Frau E. thematisiert fortgesetzt ihr Leiden unter den sie einengenden Ansprüchen ihres Vaters. Herrn E. ist an einem konfliktarmen Leben gelegen, und entsprechend lässt er nur geringe Tendenzen erkennen, seiner Frau den Rücken zu stärken und sie zu unterstützen, wenn es um die Abgrenzung der Kernfamilie gegenüber seinen Schwiegereltern geht. Im Zentrum seiner Aufmerksamkeit stehen sein beruflicher Erfolg und die gelingende Schulkarriere seines Sohnes. Die heilpädagogischen Bemühungen zeigen Erfolg: Matthias überwindet im Verlauf der Grundschulzeit sein Stottern und ebenso die offenbar werdende Lese-Rechtschreib-Schwäche. Schließlich kann er die Realschule besuchen. Frau E. änderte nicht nur ihren allzu permissiven Erziehungsstil, sondern entwickelte dazu allmählich Strategien, eigene Lebensziele ihrem Vater gegenüber durchzusetzen. Der sich einstellende Berufserfolg von Herrn E. ermöglicht der Familie den Erwerb eines eigenen Hauses, das sie auch gegen den erklärten Wunsch des Vaters der Mutter bezieht.

Keine Änderung hat sich jedoch hinsichtlich des weiterhin fortbestehenden nächtlichen Einnässens bei Matthias ergeben. Während diese Symptomatik bisher kaum im Zentrum der elterlichen Sorge stand und auch Matthias kein Interesse zeigte, endlich trocken zu werden, sollte nun Abhilfe geschaffen werden. Die nochmalige eingehende psychologische Untersuchung erbrachte keinerlei therapeutischen Ansatzpunkt. Matthias imponierte als altersgemäß entwickelter Junge mit ausreichendem Schulerfolg und guten Kontakten zu seiner Altersgruppe. Eher zufällig wurde dann deutlich, dass er lediglich in einer Hinsicht kleinkindhaft geblieben war: Er hatte in keiner Weise eine zeitliche Orientierung gewonnen: Er kannte die Folge der Monatsnamen nicht und wusste ebenso wenig die Reihenfolge der Wochentage zu benennen. Der Familie war nicht aufgefallen, dass ihm der schulische Stundenplan des nächsten Tages nicht sicher bewusst war, da seine Mutter sich daran gewöhnt hatte, die Schultasche für den nächsten Tag zu richten und entsprechend auf die Erledigung der jeweils anfallenden Schulaufgaben zu achten. Nun machte es sich die Mutter zur Aufgabe, ihm den Kalender beizubringen. Matthias orientierte sich sehr rasch über die Zeit und wurde im gleichen Zuge ohne jede weitere Bemühung trocken.

Kommentar

IP-Symptomatik:
Persistierendes nächtliches Einnässen; partielle Unreife mit mangelnder Zeitorientierung.

Systemische Hypothese:
Zweifache regressive Symptomatik verschafft der Mutter und „Kindergartenkindspezialistin", die an reduzierter Verfügbarkeit ihres Mannes leidet, eine „Sinninsel".

Elternebene:
Vater ist mehr Arbeitsmann als Partner oder Vater.

Dreigenerationenperspektive:
Vater blieb Sohn seiner Eltern, Mutter soll die gehorsame (Schwieger-)„Tochter" sein.

Interventionen:
→ *Kind:* Gewonnene Zeitorientierung löst Symptomatik auf.
→ *Mutter:* „Du hast nun ein großes Schulkind."
→ *Eltern:* „Ihr müsst ein Ehe- und Elternpaar werden."

In den Schlagwortverzeichnissen der einschlägigen kinderpsychiatrischen Lehrbücher und der Klassifikationsschemata psychischer Störungen ist der Begriff „Zeit" nicht enthalten. Zwar wird die kindliche Entwicklung im Zeitverlauf beschrieben, Kopplungen von Symptomatiken an die Entwicklung des kindlichen Zeitbegriffs haben aber keine Beachtung gefunden. Piaget (1955) unterschied vier Stufen der Entwicklung des Zeitbegriffs beim Kinde: die sensomotorische, anschauliche, operative und die mit neun Jahren mögliche metrische. Legt man diese Kategorien zugrunde, ist festzustellen, dass Matthias weder über einen operativen noch einen metrischen Zeitbegriff verfügte. Die Mutter orientierte sich als Kindergärtnerin an für Klein- und Vorschulkinder bedeutsame Entwicklungsgrößen und Fertigkeiten. So beachtete sie die Sprechstörung und das Einnässen ihres Sohnes, während ihr – wie auch zunächst dem Therapeuten – sein Rückstand in der Entwicklung der zeitlichen Orientierung nicht aufgefallen war. Nach Überwindung des Stotterns fokussierte die psychotherapeutische Bemühung auf die fortbestehende Enuresis und blieb vollends erfolglos.

Selbst noch in kindlicher Abhängigkeit von ihrem Vater stehend, hatte Frau E. Fragen der Autonomieentwicklung und deren Voraussetzungen bei ihrem Sohn wenig im Blick. Sie zeigte sich darüber beschämt, dass Matthias noch keine nächtliche Blasenkontrolle entwickelt hatte, und fürchtete das abfällige Urteil ihres Vaters über ihre pädagogische Kompetenz und Effektivität. Die Fokusverschiebung auf die Entwicklung des Zeitbegriffes bei ihrem Sohn entlastete sie, zumal sie sich für diesen Entwicklungsbereich nicht zuständig gefühlt hatte. Zudem überzeugte sie die Einfachheit des nun folgenden methodischen Vorgehens, zu dem sie sich ohne Schwierigkeiten in der Lage sah. Das daran anschließende rasche Trockenwerden führte zu einer generellen Entspannung innerhalb der zusammenlebenden drei Generationen. Indem Matthias sich nun der Zeit bemächtigen konnte, gewann er einen für die Gestaltung von Alltag und Schulbesuch bedeutsamen Autonomiezuwachs.

5.2.3 Enkopresis (F 98.1)

Die wiederholte und unwillentliche Stuhlentleerung in die Kleidung ohne das Vorliegen einer organische Erkrankung nach dem dritten Lebensjahr wird als Enkopresis bezeichnet. Stuhlkontinenz wird deutlich früher als die Blasenkontrolle erworben: Im Alter von drei

Jahren sind 97 % aller Kinder stuhlsauber. Enkopresis tritt bei Jungen 3- bis 4-mal häufiger auf als bei Mädchen. Die betroffenen Kinder zeigen dazu häufig emotionale Störungen und bieten andere somatoforme Symptomatiken wie eine chronische Obstipation oder eine seitens des Kindes angegebene Gefühllosigkeit im Analbereich, die weder die Wahrnehmung des Stuhldranges noch die des Verschmutzens der Wäsche erlaubt. Ursächlich werden psychischen Faktoren, wie z. B. einer zwanghaften Sauberkeitserziehung und belasteten Beziehungen zu den primären Bezugspersonen, große Bedeutung zugeschrieben, jedoch kontrovers diskutiert. Als auslösende Faktoren gelten Belastungen durch Trennungserfahrungen und heftige emotionale Reaktionen auf krisenhafte Beziehungsentwicklungen.

Gewohnt an die Analyse familiärer Beziehungen und durch ihre Ergebnisse gestützt, glauben wir bei Enkopresis eher, regelmäßig eine nicht oder zu wenig gegebene seelische Verfügbarkeit des Vaters und dazu korrespondierend die entsprechende Empfindung eines Mangels seitens des Kindes beobachtet zu haben. Dabei handelt es sich nicht nur um die trennungsbedingte Abwesenheit des Vaters, sondern – ganz gleich, aus welchem Grund – um seine eher dürftige Hinwendung zum Kind. Die innerfamiliären Beziehungen sind bei Persistenz des enkopretischen Verhaltens von Gefühlen der Wut der Eltern auf das trotzig und kaum kooperativ wirkende Kind gekennzeichnet. Zur Auflösung einer bestehenden Obstipation sind diätetische und medikamentöse Interventionen sinnvoll, die von einem Sauberkeitstraining begleitet werden. Die einschlägigen kinderpsychiatrischen Fachbücher erörtern ohne Fixierung definierter Behandlungspläne die Indikation individueller Psychotherapie mit begleitender Elternarbeit. Die Persistenz der Enkopresis bis in das Jugendlichenalter hinein gilt als ausgesprochen selten und wird eher mit geistiger Behinderung und/oder Zeichen einer psychischen Störung vergesellschaftet beobachtet.

Steffen

Steffen, 16 Jahre: Autonomie nimmt dem Einkoten seine Herrschaft.
Die in zweiter Ehe lebende Mutter des Jugendlichen, Frau B., frühere Frau M., meldet sich telefonisch in der Praxis. Sie suche nach einer „letzten" wirkungsvollen Chance, die Steffen von seinem Einkoten befreien solle. Diese Symptomatik bestehe seit nunmehr neun Jahren und habe seitdem jedem Therapieversuch widerstanden. Sie wisse

auch nicht, ob ihr Sohn, den sie als Sechzehnjährigen natürlich nicht zwingen könne, überhaupt erneut einen Therapeuten aufsuchen werde. Der Mutter wird eingeräumt, auch gerne allein einen Termin wahrzunehmen. Natürlich ist auch Steffen eingeladen und mag wählen, ob er der Einladung folgen will. Zum Erstgespräch kommen Mutter, Steffen und ein sechs Monate alter Säugling, die Halbschwester des Jugendlichen. Steffen ist größer als seine Mutter und deutlich übergewichtig. Zu dritt nehmen sie Platz; die Mutter nimmt das kleine Mädchen zunächst auf ihren Schoß, übergibt es im Gesprächsverlauf bisweilen ohne weitere Umstände dem Sohn. Der Säugling erscheint zufrieden und daran gewöhnt, mal von der Mutter und mal von dem Bruder gehalten zu werden. Steffen beeindruckt durch seine Kompetenz im Umgang mit seiner kleinen Schwester; es stört seine Aufmerksamkeit in keiner Weise, wenn er die Kleine auf seinem Schoß hält. Steffen lässt sich auf Fragen seiner Zukunftsvorstellungen ansprechen und zeigt sich alsbald ausgesprochen kooperativ, nachdem das Interview die Problematik des Einkotens nicht zum Gegenstand nimmt, sondern vielmehr auf Fragen seiner Kompetenz und Selbstständigkeit fokussiert. Dazu aufgefordert, stellt er seine Forderungen an den therapeutischen Gesprächspartner: Der soll sich als intelligent und argumentationsstark erweisen, einfühlsam und verständnisvoll zuhören können.

Steffen berichtet von seinen Schulsorgen. Er möchte den gefährdet erscheinenden Realschulabschluss schaffen, um dann mit der Ausbildung zum Orthopädiemechaniker beginnen zu können. Beiläufig erwähnt er seine Vorstellung von einer Problemlösung: Er möchte auf den durchaus von ihm wahrgenommenen Stuhldrang passend antworten können. Er hat bereits Ausnahmen vom Einkoten beobachtet: Bleibt er an einem Tage bis 16.00 Uhr sauber, muss er an diesem Tage nicht mehr mit einem „Unfall" rechnen. Steffens Eltern trennten sich, als er elf Jahre alt war. Als Grund gibt Frau B. neben langjährigen Differenzen die groben Erziehungsmethoden des Vaters an. Dieser habe seinerseits unter der Brutalität seines Vaters gelitten. Steffen kannte seinen Großvater nicht; er war unter mysteriösen Umständen erschossen worden. Herr M., beschäftigt mit massiven Sorgen um seine Gesundheit und seine materielle Lage, habe Steffen nach der Trennung gleichsam vergessen. Erst in letzter Zeit besuche Steffen alle zwei Wochen seinen Vater. Der zeige sich im Grunde uninteressiert an seinem Sohn, füge sich jedoch den Wünschen der Mutter, der an Vater-Sohn-Kontakten gelegen sei. Er frage nie nach den Angelegenheiten seines Sohnes und wisse auch nicht von dem fortbestehenden Einkoten. Herr M., mit 140 kg übergewichtig und zuckerkrank, lebt laut Steffen mit einer depressiven Partnerin zusammen, die ständig zu Bett liege. Er kann im Grunde nicht angeben, warum er diese sehr unerfreulichen Besuche bei seinem Vater unternimmt. Frau B. heiratete ein Jahr nach der Trennung erneut. Ihr zweiter Mann – im Erziehungsurlaub – und Steffen teilen sich die Versorgung des Säuglings, seitdem die Mutter ihre Berufstätigkeit wieder aufgenommen hat.

Das Genogramm der Familie stellt die zentralen familienstrukturellen Daten zusammen:

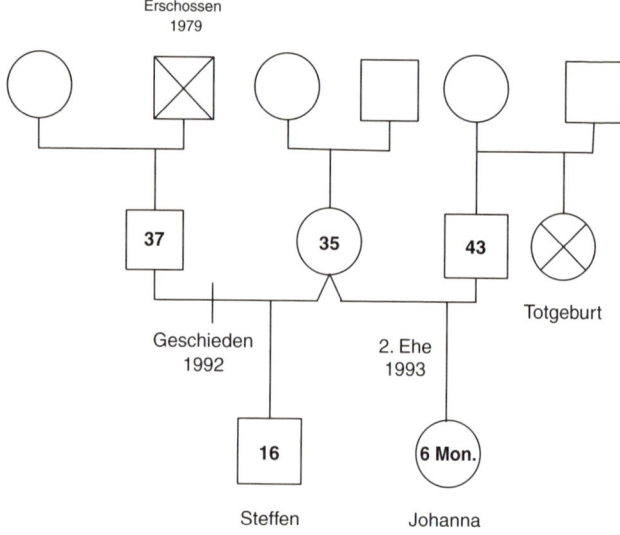

Steffen trifft nach dem Erstkontakt die zweite selbstständige Entscheidung, weitere Beratungskontakte allein wahrzunehmen. Er lässt sich ohne Umstände auf weitere Gespräche und diagnostische Prozesse ein, die zum einen gemäß den Hypothesen die Modalitäten seiner Einbindung in das Familiensystem prüfen und zum anderen die Qualität der Beziehungen zwischen Steffen und seinem leiblichen Vater verdeutlichen wollen.

Äußerst bereitwillig folgt er der Gestaltungsaufgabe im Sceno-Test (Staabs 1985) und kommentiert mit sichtlicher emotionaler Beteiligung TAT-Tafeln (Murray 1971): Er macht Mitteilungen über die biografisch verständlichen Themen von Trauer und Verlust, außerdem wird ihm deutlich, wie er sich festgehalten fühlt. Er kommentiert: „Ich sitze auf meinem Problem, dem Einkoten, fest, während meine Mutter zugleich beste Schulleistungen verlangt." Nach seiner Empfindung liegen 75 % der Arbeiten in der Haushaltsführung auf seinen Schultern. Zudem verdeutlicht er, in welchem Maße er die Probleme seines Vaters in seinem Rücken spürt, der kaum für sich sorge.

Er verspürt Fantasien, von zu Hause „aus dem Gefängnis" zu fliehen und es damit seinem Vater gleichzutun, der fern von jeder familiären Belastung wenigstens seine Ausflucht genieße.

Steffen nimmt die aktuelle Familienkonstellation wahr, wie auf nachfolgender Grafik verdeutlicht:

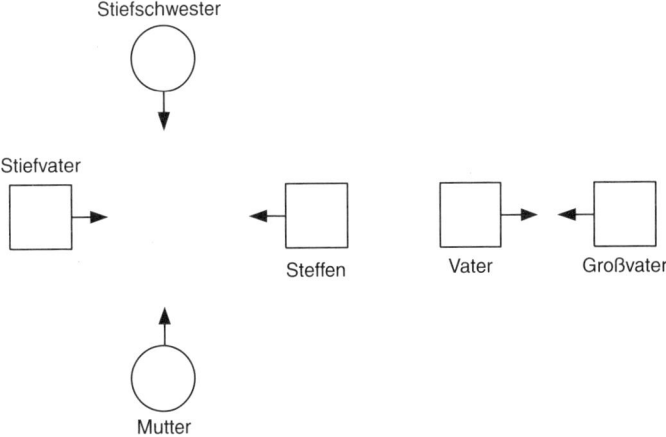

Für Steffen bleibt wenig Bewegungsfreiheit. Er richtet seine Aufmerksamkeit auf die aktuelle Familie und spürt hinter sich seinen Vater, der nach Steffens Erleben in erster Linie mit den Spuren befasst ist, die dessen ermordeter Vater hinterlassen hat. Zudem stellt die Familienkonstellation die Frage nach Konflikten zwischen ihm und seinem Stiefvater. Die Mutter und Steffen haben vom leiblichen Vater ein recht negatives Bild gezeichnet: früher grob gegen den Sohn, jetzt hochgradig adipös, uninteressiert am eigenen Sohn, schlecht für sich sorgend und mit wenig Übersicht über seine materiellen Verhältnisse. Dennoch beschreibt Steffen in der Systemmodellierung (Schiepek u. Strunk 1994) drei auf den Vater bezogene Variablen, deren Zuwachs an Bedeutung er mit dem sicheren Erreichen der Problemlösung verbindet: das Interesse des Vaters an ihm, umgekehrt sein eigenes Interesse am Vater und seine auch problembezogene Offenheit gegenüber diesem.

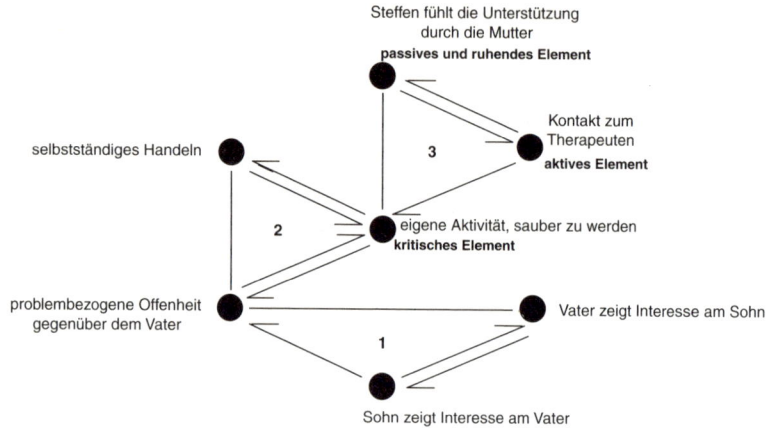

Das Modell enthält drei zirkuläre und Wechselwirkungsdreiecke:

1. Die Zunahme des Interesses des Vaters am Sohn steigert bei Steffen sowohl sein Interesse an jenem als auch seine Offenheit gegenüber ihm. Mit wachsender Offenheit nimmt wiederum das Interesse des Sohnes am Vater zu.
2. Die Offenheit gegenüber dem Vater steht in positiver Rückkopplung zur eigenen Anstrengung, sauber zu werden. Sie fördert das selbstständige Handeln, was zum einen positiv auf die Intention, sauber zu werden, zurückwirkt, zum anderen nochmals die problembezogene Offenheit (das Vertrauen zum Vater) intensiviert.
3. Die Zunahme der eigenen Anstrengung, sauber zu werden, wird durch den Kontakt zum Therapeuten gesteigert. Mit größerer Bemühung um Sauberkeit wächst das Gefühl, von der Mutter unterstützt zu werden. Und das wiederum stärkt den Kontakt zum Therapeuten.

So verbindet Steffen seine Autonomietendenzen sowohl mit seiner Bemühung um Kontinenz als auch mit der von Vertrauen getragenen Intensivierung seiner Beziehung zum Vater. Mit seinem Einverständnis werden die Ergebnisse dieser Analyse auch seiner Mutter dargelegt. Eine Einladung des (leiblichen) Vaters wünscht Steffen nicht; er hält eine solche zunächst auch für zu früh und somit aussichtslos. Die Mutter entlässt Steffen aus seinen hohen Verpflichtungen im Haushalt und aus der Verantwortung für die Versorgung der kleinen Schwester. Es verdichtet sich der Anteil nehmende Kontakt zwischen Vater und Sohn.

Drei Wochen nach Therapiebeginn, in denen drei Einzel- und zwei Familiensitzungen lagen, berichtet Steffen über 30 % „Tage ohne Unfälle": Er „sprinte" nun zur Toilette, wenn er den Stuhldrang spüre. Im Verlauf der folgenden drei Monate verbessern sich seine schulischen Leistungen in solchem Maß, dass er mit guter Begründung die Fachhochschulreife anstreben kann. Er arbeitet auch an seinem Erscheinungsbild: Er kommt betont gepflegt zu den Sitzungen und freut sich über eine Gewichtsreduktion von 9 kg. Er ist nun vollständig kontinent. Die therapeutische Arbeit kann sich jetzt auf andere Themen konzentrieren: Umgang mit Selbstwertfragen, Unsicherheit und Wut.

Laut Steffen stabilisiert sich die Verfassung des Vaters. Er sorgt besser für sich und gewinnt in solcher Weise Zukunftsperspektive, dass er die Eheschließung mit seiner Partnerin ins Auge fasst und auch vollzieht, verbunden mit einem Umzug in günstigere Wohnverhältnisse. Durch all diese Aktivitäten fühlt sich Steffen erleichtert.

Dagegen kommt es zur bedrohlichen Destabilisierung der Ehebeziehung zwischen seiner Mutter und dem Stiefvater. Erheblich aggressiv getönte Auseinandersetzungen zwischen Stiefvater und Steffen werden von der Mutter als derart belastend erlebt, dass Steffen zeitweise mit der Trennung rechnet. Dennoch bleibt er bei der gewonnen Autonomie und kann sich auch vorstellen, sehr früh in eigener Wohnung zu leben, um sich nicht erneut in die Erwachsenenbeziehungen zu verstricken. Er erreicht die Qualifikation zur Fachhochschulreife und genießt eine Jugendliebe und damit einhergehend seine Akzeptanz durch die Familie seiner Freundin. Zurzeit steht er in einer heftigen Zerreißprobe: Steffens Familie zog ca. 100 km von seinem Ausbildungsort weg, um das Wohnhaus der Eltern der Mutter zu übernehmen. Steffen nimmt die Belastung eines weiten täglichen Schulwegs auf sich, da er weder seine beruflichen Ziele noch seine Beziehung zur Freundin gefährden will.

Kommentar

IP-Symptomatik:
Persistierendes Einkoten und Adipositas.

Systemische Hypothesen:
Mutter, Sohn und Säugling sind eine Familie, die aus beiden „Eltern" und Säugling besteht. Steffen ist zweifaches Gattensubstitut: 1. für seinen leiblichen Vater, dem er auch nach seiner Statur sehr ähnlich ist, 2. für den Stiefvater, mit dem und mit dessen Ordnungsbetonung er konkurriert.

Elternebene:
Ausblendung des als brutal geltenden Vaters durch die Mutter seit der Kleinkindzeit von Steffen. In der aktuellen Familie massive Ablehnung von Steffen durch den Stiefvater.

Dreigenerationenperspektive:
Mutter ist noch sehr die Tochter ihrer Eltern und lebt ihnen verpflichtet in ihrer Fantasie in deren Nähe.

Interventionen:
→ *Kind:* Erschaffen eines Therapiebündnisses durch Defokussieren vom Enkopresissymptom auf seine Autonomie
→ *Eltern:* Steffen ist durch seine Mutter aus seiner Vaterrolle in der aktuellen Familie zu entlassen. Er benötigt die Erlaubnis, sich mit seinem leiblichen Vater zu befassen. Die Mutter bekommt den Auftrag, für die Vervollständigung ihrer Autonomie zu sorgen.

Steffen wird von seiner Mutter als mehrfach und widersprüchlich in Abhängigkeiten verstrickt dargestellt: Sie sieht in ihm den Repräsentanten des leiblichen Vaters, der wie er massiv adipös ist, kaum für seine Gesundheit sorgt und als früher ausgesprochen brutal gilt. Wenn Steffen ihm ähnelt, darf er dennoch unter keinen Umständen Wutäußerungen zeigen, weil er dann die Liebe seiner Mutter aufs Spiel setzen würde. So zeigt sich Steffen gleichsam als liebevoller väterlicher Partner seiner Mutter, der in hoher Ausprägung Fürsorglichkeit gegenüber seiner kleinen Stiefschwester entwickelt hat. In dieser Rolle unterstützt er seine Mutter unter weitgehender Leugnung sowohl seiner jugendlichen Ansprüche als auch der schulischen Lernerfordernisse. Dabei genießt er in gewissem Rahmen die ihm damit durch die Mutter kollusiv zugetragene Konkurrenz zu seinem Stiefvater.

Unbeeinflussbar und gleichsam autonom wirkt dabei die persistierende Enkopresis. Zu Beginn der Therapie unmittelbar auf seine Freiheitsgrade und selbstständigen Handlungsmöglichkeiten angesprochen, stimmt Steffen zur Verwunderung seiner Mutter spontan dem angebotenen Therapiebündnis zu. Seine Darstellung der aktuellen familiären Konstellation verdeutlicht ihm und seiner Mutter seine dadurch erzwungene Unbeweglichkeit. Dazu liefert die entwickelte Systemmodellierung als Schaltstelle seine aktive eigene Tendenz, sauber zu werden, bezüglich deren er sich durch den Therapeuten unterstützt fühlt und welche ihm auf die Dauer den emotionalen Kontakt zu seiner Mutter sichert. Deutlich tritt hervor, welche positive Wirkung die ihm schließlich wieder zugestandene Pflege des Kontakts mit seinem Vater hat. Steffen erlebt im weiteren Verlauf, dass auch der Vater von der Wiederbelebung seiner Beziehung zu seinem Sohn profitiert. So sieht sich Steffen durch die Realisation seines zunehmend selbstverantwortlichen Handelns bestätigt, denn damit einhergehend nimmt das Einkoten ab. Die Mutter entlässt nun ihren Sohn aus den Verstrickungen und kümmert sich um den Aufbau ihrer aktuellen Partnerschaft. Sie folgt zwar zunächst noch dem Ruf ihrer Herkunftsfamilie, an deren Wohnort umzuziehen, löst sich aber nach kurzer Zeit von dort und arbeitet an ihren eigenen beruflichen Fortschritten.

5.3 Hyperkinetische Störungen (F 90)

In Ergänzung zu den Ausführungen in Abschnitt 3.3 soll hier zusammenfassend die Klassifizierung gemäß ICD-10 wiedergegeben werden (Remschmidt et al. 2001, S. 33–37; Steinhausen 2002, S. 91–99). Zur Diagnose dieses aus Unaufmerksamkeit, Überaktivität und Impulsivität bestehenden Störungskomplexes, dessen erste Symptome sich bereits in der frühen Kindheit zeigen, wurden operationalisierte Kriterien formuliert. Je nach Häufigkeit und Verteilung der einzelnen einzuschätzenden Items, die in wenigstens zwei verschiedenen sozialen Situationen erkennbar sein müssen, werden die einfache Aktivitäts- und Aufmerksamkeitsstörung (F 90.0) und die hyperkinetische Störung des Sozialverhaltens (F 90.1) voneinander unterschieden. An dieser Stelle sei darauf verwiesen, dass in jüngster Zeit die Gültigkeit dieser Operationalisierung Kritik erfährt, da diese Kriterien nicht sicher von solchen unterschieden werden können, die seit längerer Zeit als Temperamentscharakteristika bekannt sind (Carey 2000).

Im ICD-10 wird die Forschungsdiagnose einer hyperkinetischen Störung mittels der folgenden Items definiert:

G1. (ICD-10-Klassifikation) *Unaufmerksamkeit:* Mindestens sechs Monate lang mindestens sechs der folgenden Symptome von Unaufmerksamkeit in einem mit dem Entwicklungsstand der Kinder nicht zu vereinbarenden und unangemessenen Ausmaß. Die Kinder ...
1. sind häufig unaufmerksam gegenüber Details oder machen Sorgfaltsfehler bei den Schul- und sonstigen Arbeiten und Aktivitäten;
2. sind häufig nicht in der Lage, die Aufmerksamkeit bei Aufgaben und beim Spielen aufrechtzuerhalten;
3. hören häufig anscheinend nicht, was ihnen gesagt wird;
4. können oft Erklärungen nicht folgen oder ihre Schularbeiten, Aufgaben oder Pflichten nicht bewältigen (nicht wegen oppositionellen Verhaltens oder weil die Erklärungen nicht verstanden werden);
5. sind häufig beeinträchtigt, Aufgaben und Aktivitäten zu organisieren;
6. vermeiden ungeliebte Arbeiten, wie Hausaufgaben, die häufig geistiges Durchhaltevermögen erfordern;
7. verlieren häufig Gegenstände, die für bestimmte Aufgaben wichtig sind, z. B. für Schularbeiten (Bleistifte etc.), Bücher, Spielsachen und Werkzeuge;
8. werden häufig von externen Stimuli abgelenkt;
9. sind im Verlauf der alltäglichen Aktivitäten oft vergesslich.

G2. *Überaktivität:* Mindestens sechs Monate lang mindestens drei der folgenden Symptome von Überaktivität in einem mit dem Entwicklungsstand der Kinder nicht zu vereinbarenden und unangemessenen Ausmaß.
Die Kinder ...

1. fuchteln häufig mit Händen und Füßen oder winden sich auf den Sitzen;
2. verlassen ihren Platz im Klassenraum oder in anderen Situationen, in denen Sitzen erwartet wird;
3. laufen häufig herum oder klettern exzessiv in Situationen, in denen dies unpassend ist (bei Jugendlichen oder Erwachsenen entspricht dem nur ein Unruhegefühl);
4. sind häufig unnötig laut beim Spielen oder haben Schwierigkeiten bei leisen Freizeitbeschäftigungen; zeigen ein anhaltendes Muster exzessiver motorischer Aktivitäten, die durch den sozialen Kontext oder Verbote nicht durchgreifend beeinflussbar sind.

G3. Impulsivität: Mindestens sechs Monate lang mindestens eins der folgenden Symptome von Impulsivität in einem mit dem Entwicklungsstand der Kinder nicht zu vereinbarenden und unangemessenen Ausmaß.
Die Kinder …
1. platzen häufig mit der Antwort heraus, bevor die Frage beendet ist;
2. können häufig nicht in einer Reihe stehend warten oder warten, bis sie bei Spielen oder in Gruppensituationen an die Reihe kommen;
3. unterbrechen und stören andere häufig (bzw. mischen sich ins Gespräch oder Spiel anderer ein);
4. eden häufig exzessiv, ohne angemessen auf soziale Beschränkungen zu reagieren.

G4. Beginn der Störung vor dem siebten Lebensjahr.

G5. Symptomausprägung: Die Kriterien sollten in mehr als einer Situation erfüllt sein, z. B. sollte die Kombination von Unaufmerksamkeit und Überaktivität sowohl zu Hause als auch in der Schule bestehen oder in der Schule und an einem anderen Ort, wo die Kinder beobachtet werden können, z B. in der Klinik. (Der Nachweis situationsübergreifender Symptome erfordert normalerweise Informationen aus mehr als einer Quelle. Elternberichte über das Verhalten im Klassenraum sind meist unzureichend.)

G6. Die Symptome von G1.–G3. verursachen deutliches Leiden oder Beeinträchtigung der sozialen, schulischen oder beruflichen Funktionsfähigkeit.

G7. Die Störung erfüllt nicht die Kriterien für eine tief greifende Entwicklungsstörung (F 84.–), eine manische Episode (F 30.–), eine depressive Episode (F 32.–) oder eine Angststörung (F 41.–).

Lehrbücher der Kinder- und Jugendpsychiatrie schlagen die mehrdimensionale Therapie der hyperkinetischen Störung vor. Die pharmakotherapeutische Behandlung mit Stimulanzien gilt trotz belegter Nebenwirkungen als Mittel der ersten Wahl. Dazu sind verhaltenstherapeutische Programme neben Elterntrainings durchzuführen: Vermittlung effektiver Kommunikation und der Einsatz von Verstärkern.

Jens-Ercan
Jens Ercan, acht Jahre, adoptiert seinen Stiefvater und wird fröhlicher und ruhig.
Frau W. meldet sich sehr unter Anspannung stehend und auf nachhaltigen Druck durch die Schule ihres Sohnes zur Beratung an. Zuvor hatte sie anderenorts Hilfe gesucht. Dabei war dem Sohn als alleinige therapeutische Maßnahme wegen seines hyperkinetischen und aggressiven Verhaltens und seiner kaum noch gegebenen erzieherischen Führbarkeit das Stimulans Methylphenidat (Ritalin®) verordnet worden, mit der Auflage, darüber Stillschweigen zu bewahren. Jens-Ercan habe sich dann zwar angepasster verhalten, sei jedoch traurig und vergleichsweise eher antriebsarm geworden. Deshalb habe sie bei dem vorbehandelnden Arzt um einen anderen Lösungsweg nachgesucht, habe sich jedoch nicht verständlich machen können. Ihrem Gefühl entsprechend, habe sie die Arzneibehandlung beendet, werde nun aber wieder mit den Klagen der Lehrer und Miteltern der Schulklasse konfrontiert, weil ihr Sohn den Unterricht massiv störe und sich immer wieder in Auseinandersetzungen mit anderen Kindern verstricke und dabei auch sehr grob mit diesen umgehe.

Jens-Ercan imponiert bei der Erstvorstellung als „die geballte Wut": Er stürmt mit plump wirkenden breitbasigen Schritten herein, bemächtigt sich ohne Rückfragen des vorhandenen Spielmaterials.

Mit Mühe von der Mutter zur Ordnung gerufen, platziert er sich mit verschränkten Armen auf einen Stuhl, zeigt bei kaum möglichem Blickkontakt eine finster fixierte Miene, seine sprachlichen Äußerungen sind kurz abgehackt und von lauter und dumpfer Klanggebung. Er lässt sich nur sehr schwer zu einem Mindestmaß an Kooperation einladen, wirft oberflächlich angedeutet einige Striche aufs Papier, die in verzerrt wirkender Körperhaltung einen Menschen darstellen sollen, und bewegt sich dann wieder ohne ein erkennbares Ziel durch den Raum. Er findet einige Jonglierbälle und „pfeffert" sie ohne Impulskontrolle in Richtung der Mutter und des Therapeuten. Die sprachlichen Bemühungen der Mutter scheint er nicht zu hören, und dementsprechend folgt er ihnen auch nicht. Wir beenden das Gespräch und verabreden einen Termin unter Erwachsenen. Bei der Verabschiedung verlegt sich der achtjährige Junge darauf, den Therapeuten heftig mit den Füßen zu treten. Die Mutter zeigt sich dabei vollends hilflos. Jens-Ercan lässt sich nicht zur Ordnung rufen; der Therapeut hat sich also den Jungen mit ausgestreckten Armen vom Leib zu halten.

Beim folgenden Termin berichtet Frau W. von der Entwicklung des Kindes und dem sozialen und familiären Hintergrund. Sie ist heute 32 Jahre alt und hat Jens-Ercan während einer lediglich zwei Jahre dauernden Beziehung mit seinem nunmehr 45-jährigen türkischen Vater, Herrn U., bekommen. Der Lebensanfang ihres Sohnes sei durch die notwendigen und schließlich erfolgreichen operativen Korrekturen seiner Fußmissbildung (Klumpfüße) belastet gewesen. Der Vater habe eine 14-jährige Tochter aus einer vorangegangenen Ehe und sei erneut verheiratet. In dieser Ehe seien zwei weitere Kinder geboren worden, fünf und drei Jahre alt. Der Vater betreibe eine Gastwirtschaft, sie selbst habe vor kurzem eine Halbtagsarbeit als Küchenhilfe gefunden. Jens-Ercan besuche zwar die jetzige Familie seines Vaters; der habe jedoch nie „richtig" Zeit für den Jungen und lasse sich auf keinerlei intensivere Mitwirkung bei der Betreuung und Erziehung ein. Sie erhalte Hilfe durch ihre Mutter und Entlastung durch eine stundenweise Hortunterbringung. Kürzlich habe sie sich neu verliebt und hoffe auf eine zukünftige stabile Partnerschaft.

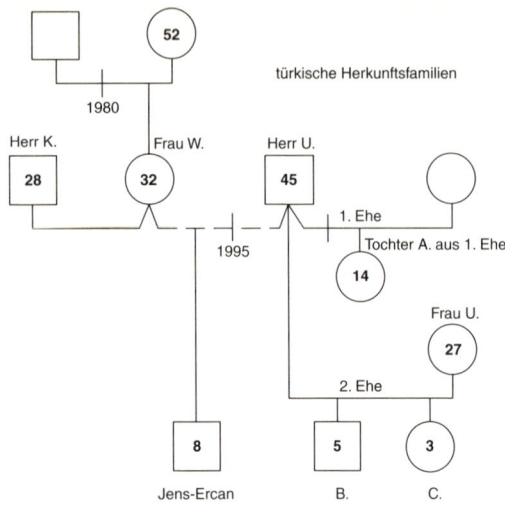

Genogramm Familie W.

Obwohl Frau W. nicht damit gerechnet hatte, ließ sich Herr U. zu einem Gespräch einladen und erkennen, dass er prinzipiell dazu bereit sei, sich bei Besuchen von Jens-Ercan bei ihm intensiver um ihn zu kümmern. Er beklagte allerdings, dass sowohl Frau W. als auch Jens-Ercans Großmutter seine Bemühungen in der Vergangenheit entweder zurückgewiesen oder unterlaufen hätten. Namentlich die Großmutter sei zu nachgiebig und setze dem Enkel zu wenig Grenzen.

Frau W. konnte im Verlauf der nächsten Beratung dazu gewonnen werden, ihren Erziehungsstil im Sinne von Reduzierung der gesprochenen Worte zugunsten von spürbarer Führung mittels taktiler Interventionen zu ändern. Sie bestätigte, dass der von ihr Jens, vom Vater Ercan gerufene Sohn gelernt hatte, akustische Bemühungen zu überhören, aber als im Grunde sensibler Junge („Gefühlsmensch") durchaus über die Bereitschaft verfüge, auf Hautkontakt zu reagieren. Zur Nutzung und weiteren Differenzierung der Organisation seiner zentralnervösen taktil-kinästhetischen Repräsentationsfähigkeiten wurde unmittelbar mit einer flankierenden psychomotorischen Einzelbehandlung begonnen.

In einem Familiengespräch, bei dem beide Eltern und Jens-Ercan anwesend waren, wurden die Praxis der taktil-kinästhetischen Führung eingeübt und die Modalität von Einzelkontakten zwischen Vater und Sohn besprochen und entsprechende Vereinbarungen getroffen. Nach einer ferienbedingten Pause von ca. sechs Wochen zeigten sich dramatische Veränderungen:

Jens-Ercan präsentierte sich anlässlich eines Kontaktes zusammen mit seiner Mutter in der Praxis als fröhlicher Junge, kooperativ und in ruhigen Bewegungsabläufen. Er respektierte den Begegnungsrahmen und erbat sich die Jonglierbälle, mit denen er sich impulskontrolliert beschäftigte. Es war nicht mehr notwendig, sich vor seinen überraschenden körperlichen Attacken zu schützen. Bereitwillig und mit differenzierter Mimik gab er über die Ereignisse der Zwischenzeit Auskunft. Die psychomotorische Übungsbehandlung gefalle ihm überaus gut. (Von der Mototherapeutin war zu erfahren, dass Jens-Ercan ihr zu jeder Übungsstunde eine kleine Süßigkeit schenkt.) In der Schule hatte er – mit Schwankungen – sein Verhalten erheblich geändert, sodass sowohl die Lehrer als auch die Miteltern kaum noch Anlass zu Klagen hätten. Leider habe der Vater sich nicht an die Verabredungen gehalten; das sei jedoch nicht von Bedeutung, denn – so Jens-Ercan – „Hans [der neue Partner der Mutter] wird jetzt mein Vater." Auch die Mutter bot ein verändertes Bild: Während sie zuvor eher als missmutig, ungepflegt und wenig an ihrem Aussehen interessiert erschien, zeigte sie sich gut gestimmt und mit Sinn für ihr Erscheinungsbild gekleidet. Sie berichtete entspannt von der leichteren Führbarkeit ihres Sohnes, die negative Sanktionen kaum noch notwendig erscheinen ließ.

Zur Stabilisierung der erreichten Veränderungen wurde die von Anfang an gesuchte Kooperation mit der Schule intensiviert. Zu Beginn der Behandlung war mit der Lehrerin der Neuaufbau des Schulbesuchs vereinbart worden: Jens-Ercan war gegen seinen entschiedenen Protest erlaubt worden, zunächst nur eine Stunde am Vormittag im Unterricht anwesend zu sein. Im Zuge seiner zunehmenden Selbstkontrolle wurde ihm dann mit stundenweisem Aufbau der vollständige Schultag zugestanden. Die Lehrerin wurde in die Praxis eingeladen und mit Einverständnis der Mutter eingehend über das Störungsbild, seine Hintergründe und die gegebene familiäre Situation informiert. Nachdem sie über gute Fortschritte berichten konnte, legte sie diese in gemeinsamer Sitzung mit Jens-Ercan und der Mutter dar. Der Junge zeigte angesichts der positiven Darstellung der Lehrerin verhaltenen Stolz und war danach offensichtlich um eine weitere Steigerung seiner Erfolge bemüht.

Kommentar
IP-Symptomatik:
Aggressives und hyperkinetisches Verhalten.

Systemische Hypothese:
Sohn fühlt sich durch Nichtverfügbarkeit des türkischen und von ihm getrennt lebenden Vaters entwertet und ruft nach väterlicher Aufmerksamkeit und Stärke: Er macht sich selbst „groß und stark". Damit erschreckt er den neuen Partner der Mutter, der sich folgerichtig nicht traut, mit ihr eine tragfähige Lebensgemeinschaft einzugehen.

Elternebene:
Mutter fühlt die mangelnde Unterstützung durch den desinteressierten Vater, der eine zweite Familie gegründet hat und den sie über Jahre ausgeblendet hat, und verweigert, ihn anklagend, erzieherische Konsequenz. Der türkische Vater rächt sich für die erfahrene Ausblendung seitens der Mutter durch Nichtverantwortlichkeit.

Dreigenerationenperspektive:
Die Großmutter mütterlicherseits bedauert den vaterlosen Enkel und erstrebt durch grenzenlose Güte den Ausgleich. Selbst mit Trennungserfahrung ausgestattet, lebt sie in stiller Koalition mit der Mutter, die ihr nach der Trennung vom unerwünschten Schwiegersohn wieder näher gekommen ist.

Interventionen:
- → *Kind:* Bewusstmachen seiner Kompetenzen als gut begabtes Kind im Rahmen einzeltherapeutischer Kontakte. Realitätsorientierte Überprüfung der möglichen Wiederbelebung der Verantwortlichkeit des Vaters.
- → *Mutter:* Transformation ihres Erziehungsstiles vom Reden zum Handeln.
- → *Eltern:* Realitätsorientierte Überprüfung der möglichen Wiederbelebung der Verantwortlichkeit des Vaters.
  Neuer Partner der Mutter: Klärung seiner Rolle gegenüber dem Kind, nachdem der Vater seine auch zukünftige Nichtverfügbarkeit deutlich gemacht hat.
- → *Lehrerin:* Mitteilung seiner Kompetenzen und Anerkennung seiner Verhaltensanpassung in der Schule.

Wie anderenorts dargestellt (Hüther u. Bonney 2002, S. 121–124), erinnern sich die Eltern mit Blick zurück in die Säuglingszeit daran, dass sie damals guten Zugang zu ihrem Kind hatten. Sie konnten seine Bedürfnisse erkennen und entsprechend darauf reagieren. Ohne viel überlegen zu müssen, taten sie das Richtige. Das hungrige Kind wurde gefüttert und mit Nahrung versorgt. Wenn es schrie, wurde es in den Armen der Eltern beruhigt. Die Eltern wussten es vor Gefahren zu schützen oder es wachsam aus gefährlichen Situationen herauszunehmen. Am Anfang stand die einsatzbereite Handlungsaktivität. Das Tun der Eltern wurde verbal begleitet. Ganz allmählich gelangten die sprechenden Erziehungsbemühungen in den Vordergrund. Der Erfolg dieser Bemühungen wuchs mit dem zunehmenden Sprachverständnis des Kindes.

Ernste pädagogische Schwierigkeiten beginnen erst dann, wenn das Kind scheinbar plötzlich mit Worten nicht mehr zu führen ist. Obwohl das etwa zweijährige Kleinkind längst ein ausgedehntes Sprachverständnis zeigt und zur Freude der Eltern selbst auch schon recht gut sprechen kann, reagiert es wenig auf sprachliche Anweisungen. Neugierig auf jeden Anreiz aus seiner Umgebung, steuert es scheinbar taub auf alles zu, was in seinen Blick fällt. Es ist mit Worten nicht davon abzubringen, seinen Impulsen zu folgen.

In der Regel haben die Eltern von ADHS-Kindern zu diesem Entwicklungszeitpunkt nicht zu einer handelnden Erziehungsform zurückgefunden. Sie vermehren stattdessen die Zahl der gesprochenen Worte und ernten damit nur eine Zunahme der motorischen Aktivität ihres Kindes. Während der eine Elternteil weiterhin an den schließlichen Erfolg der Rede glauben möchte, erlebt er bisweilen den anderen als grob und verständnislos, wenn dieser tatkräftig Grenzen einfordert. Die wachsende Ratlosigkeit und Enttäuschung lässt bei beiden Eltern eine Wut wachsen, die sie zusätzlich am Einsatz nonverbaler Erziehungsformen hindert. Werden sie in der Beratung an die Chancen des Tuns erinnert, fragen sie manchmal entsetzt, ob sie ihr Kind denn schlagen sollen.

Die offen oder verhalten geführte Erziehungsstildiskussion zwischen den Eltern zieht immer wieder eine Spaltung der Verantwortung nach sich. Im Stereotyp zieht sich der Vater zurück und lastet die Verhaltensproblematik des Kindes der ungeschickten oder wirkungslosen Erziehung der Mutter an. Auf diese unausgewogene Verteilung der Verantwortung reagieren die Herkunftsfamilien der Eltern oft mit einer Parteinahme, die den Graben zwischen den Eltern vertieft, und die ohnehin irritierbaren Kinder reagieren mit einer Zunahme ihrer Unruhe. Die Therapie muss in einem Atemzug auf die Neuverteilung der elterlichen Verantwortung und die Erweiterung des pädagogischen Spektrums zielen. Wenn beide Eltern in der Beratungssituation die weiterhin gegebene Reaktionsfähigkeit ihres Kindes auf lenkende Impulse erfahren, können sie die eingetretene pädagogische Kraftlosigkeit überwinden.

Es ist für den Therapieerfolg von zentraler Bedeutung, dass die Eltern und das betroffene Kind möglichst innerhalb der ersten Sitzung eine neue Erfahrung machen: Auf eine vorsichtig dosierte, aber überraschende Berührung des Kindes durch die Therapeutin/den Therapeuten ist die spontane Blickreaktion, eine gebündelte Aufmerksamkeit, die Unterbrechung des Bewegungsimpulses und das zielgerichtete Hören (Horchen) auf gesprochene Worte regelmäßig hervorzurufen. Diese Intervention ist im Verlauf der Sitzung mehrfach und zunächst kommentarlos einzusetzen, bis deutlich wird, dass die Eltern die veränderte Reaktion des Kindes wahrgenommen haben. Im Anschluss daran erhalten die Eltern einen kurzen Hinweis auf die Abfolge der verschiedenen Reaktionsformen des Kindes: Auf Berührung folgt Blickkontakt, Innehalten der Bewegung und Resonanz auf das gesprochene Wort. Den Eltern wird empfohlen, dieses Handwerkszeug ab sofort und immer einzusetzen, wenn sie mit ihrem Kind in Kontakt treten wollen. Manchmal fällt es den Eltern schwer, die Sinnhaftigkeit dieses Vorgehens anzuerkennen und anzunehmen. Sie lassen sich dann gerne an ihre kommunikativen Fähigkeiten erinnern, über die sie bereits verfügten, als ihr Kind im Säuglingsalter war. Dieser Hinweis erinnert die Eltern zudem an eine Zeit, als die jetzt beklagten Schwierigkeiten noch nicht bestanden. Es ist ihnen nachweislich gelungen ist, für die Entwicklung ihres jetzt vorgestellten Kindes zu sorgen. Ferner wissen sie aus eigener Erfahrung, welche Steigerung ihrer Aufmerksamkeit sie selbst erleben, wenn sie etwa in einer Warteschlange (z. B. beim Einkaufen) durch eine unbekannte Person außerhalb ihres Blickfeldes unvermittelt berührt werden. Chermak et al. (1999) beschreiben, dass die Stimulanzienbehandlung keinen Einfluss auf die bei ADHS-Kindern veränderten Funktionsabläufe im peripheren und zentralen auditorischen System haben. Wenn diese Funktionsvarietäten ursächliche oder die Problematik unterhaltende Wirkung haben sollten, bekommt die beschriebene Induktion der kommunikativen Kette – 1. taktile Stimulation ⇒ 2. visuelle Reaktion ⇒ 3. akustische Reagibilität – eine zentrale Bedeutung für die Therapie, der an der Wiederherstellung der gelingenden Beziehungen zwischen Kind und Eltern gelegen ist. Die Therapieerfahrungen lassen die Vermutung zu, dass mit der Einübung dieses Kommunikationsablaufes Veränderungen der zentralnervösen Verschaltungen erreicht werden, die durch Stimulanziengaben nicht zu erzielen sind. Die Kinder zeigen sich schließlich auch ohne Einsatz der beschriebenen kommunikativen Kette wieder reagibel auf Ansprache.

Jens-Ercans Mutter steht vor ihrer erzieherischen Bankrotterklärung: Sie hat keinen Einfluss auf das Verhalten ihres Sohnes in der Schule, außerhalb von Unterrichtszeiten muss sie sich als allein erziehende Mutter wegen ihrer ausgedehnteren Erwerbstätigkeit auf die pädagogische Mitwirkung ihrer Mutter und die Betreuung im Hort stützen. Sie erlebt die Trauer und Wut ihres Sohnes, der u. a. darüber Klage führt, dass sein Vater sich ihm entzieht. Obwohl Frau W. in der großen Angst steht, dass Jens-Ercan die Schule verlassen muss, wenn er sein Verhalten dort nicht unmittelbar ändert, und sie die gehäuften Klagen anderer Eltern über die Grobheiten ihres Sohnes entgegennehmen muss, vertraut sie auf ihre Wahrnehmung der Nebenwirkungen des verordneten Stimulans Methylphenidat: Sie erlebt Jens-Ercan als beängstigend verändert und sucht nach anderen therapeutischen Wegen. So setzt sie die angeratenen erzieherischen Kommunikationsmittel umgehend ein und erlebt damit seit längerer Zeit erstmals eine Wirksamkeit. Die zuvor von negativer Gegenseitigkeit geprägte Beziehung zwischen ihrem Sohn und ihr wandelt sich urplötzlich ins Positive. Solchermaßen anders gesehen, gewinnt Jens-Ercan neue Impulse, sein Verhalten zu korrigieren. Diese Änderung bleibt auch stabil, obwohl der Versuch, seinen Vater erneut in eine passende Verantwortung zu bringen, scheitert. Jens-Ercan genießt es zudem, in der psychomotorischen Übungsbehandlung die Sympathie seiner Therapeutin zu gewinnen. So gelangt er zur Wahrnehmung der positiven Wirkung seiner Handlungen.

Auch die Schule zollt ihm Anerkennung für seine veränderten Reaktionsweisen und rückt von der Festschreibung einer vermuteten Gehirnpathologie ab. Aus dem vorigen Teufelskreis wird ein „Engelskreis" (Papousek 2002): Die eingefahrene Regulationsstörung wird im Zuge der Arbeit mit dem erweiterten System aufgehoben.

5.4 Magersucht (F 50.0)

Das diagnostische Hauptkriterium einer Magersucht ist die seitens der Jugendlichen willentlich herbeigeführte Gewichtsreduktion um mindestens 15 % des normalen bzw. für das Alter und die Körpergröße zu erwartenden Gewichtes. Die Betroffenen zeigen eine Störung ihrer Körperwahrnehmung, fühlen sich „fett" und befürchten, zu dick zu werden, wenn sie ihre Nahrungsaufnahme nicht kontrollieren. Dazu erlernt ein Großteil der Klienten ausgefeilte Techniken des erhöhten Energieverbrauchs durch gymnastische und sportliche Überaktivität, tendiert zum Missbrauch von Abführmitteln oder versucht, durch Erbrechen die Energieaufnahme rückgängig zu machen. Laborchemische Prüfungen des Stoffwechsels zeigen eine korrelierte umfassende endokrine Störung der Achse Hypothalamus – Hypophyse – Gonaden, die bei Mädchen klinisch als sekundäre Amenorrhöe ihren Ausdruck findet. Während spezifische Einzelursachen für dieses charakteristische klinische Syndrom nicht nennbar sind, zeigt die psychotherapeutische Erfahrung, in welch starker Ausprägung sich die Betroffenen konflikthaft mit ihre Autonomieentwicklung auseinander setzen.

Die internationale familientherapeutische Forschung hat sich kontinuierlich um die Identifikation familiärer Muster bemüht, innerhalb deren Erkrankungen an Anorexia nervosa auftreten (Minuchin et al. 1979; Weber u. Stierlin 1989; Selvini Palazzoli 1998). Minuchin beobachtet ein familiäres Interaktionsmuster, das er durch die Kriterien „enmeshment", „rigidity", „conflict-avoiding" und „overprotection" charakterisiert, und sieht die zentrale therapeutische Aufgabe in der Auflösung dieser innerfamiliären Kommunikationsmodalitäten. Selvini Palazzoli versteht das anorektische Verhalten als den radikalen Versuch, Autonomie um jeden Preis und in jeder Hinsicht zu erringen: von allem unabhängig zu sein, auch vom Essen.

Die ambulante familienbezogene Therapie ist so lange indiziert und zu verantworten, wie keine vitale Bedrohung der Patientin die intensivere Kontrolle verlangt. In klinischem Setting ist dann neben familienbezogenen Maßnahmen mittels Verhaltensmodifikation zu intervenieren. Minuchin et al. (1979, S. 114–118) schlagen ein VT-Design vor, bei dessen Anwendung die meisten Kinder unter stationären Bedingungen nach fünf bis sieben Tagen mit ihrer Gewichtszunahme beginnen. Dieses Programm ist solchen Verhaltensplänen überlegen, die lediglich Körpergewichtsgrenzen definieren, unterhalb deren bestimmte Restriktionen vorgeschrieben sind: das Erreichen von Zielgewichten als Voraussetzung für körperliche Aktivität oder schließlich die Entlassung aus der stationären Behandlung. Da nach unserer Erfahrung das VT-Konzept Minuchins auch im ambulanten Setting bei jüngeren Jugendlichen einsetzbar ist und stationäre Behandlungen damit u. U. vermeidbar sind, wenn die sichere Kooperation mit den Eltern und dem Kinder- bzw. Hausarzt gegeben ist, wird dieses Regime hier referiert. Zentrales Element ist die täglich objektivierte Gewichtsentwicklung in der Praxis des Arztes. Daran orientiert, gelten die folgenden Vorschriften, die in Vertragsform auch von der Jugendlichen zu unterzeichnen sind.

A) Gewichtszunahme von 200 g und mehr: Aktivitäten nach Belieben.
B) Zunahme von 100 g – Bettruhe mit Nutzung des Badezimmers:
   1. Empfangen von Telefonaten und Besuchern.
   2. Fernsehen, Postempfang.
C) Gewichtsstillstand – Bettruhe, Pflege im Bett:
   1. Information über Anrufe.
   2. Empfangen von Besuch.
   3. Fernsehen, Postempfang.
D) Gewichtsverlust von 100 g – Bettruhe, Pflege im Bett:
   1. Information über Anrufe.
   2. Keine Besuche.
   3. Fernsehen, Postempfang.
E) Verlust von 200 g – Bettruhe, Pflege im Bett:
   1. Keine Anrufe.
   2. Keine Besuche.
   3. Kein Fernsehen.
   4. Postempfang.
F) Verlust von 300 g – strenge Bettruhe:
   1. Keine Anrufe.
   2. Keine Besuche.
   3. Kein Fernsehen, kein Postempfang.
   4. Einzig erlaubte Aktivität: Essen mit auf 45 Minuten begrenzter Zeit.

Dieser Plan vermeidet einen sich über Wochen oder Monate erstreckenden Machtkampf, da das Kind von Tag zu Tag die Chance nutzen kann, die erwünschten Freiheitsgrade zu erhalten. Die Erfahrung hat gezeigt, dass Kinder nur in Ausnahmefällen entdecken, wie sie mit großen täglichen Schwankungen trotz strikter Anwendung dieses Planes ihr niedriges Gewicht erhalten können und doch jeden zweiten Tag jede Freiheit haben. In solchen Fällen ist für die Gewichtsentwicklung ein definierter Korridor vorzugeben. Umfangreiche Analysen beschreiben sehr unterschiedliche Verläufe dieser sehr ernst zu nehmenden Störung (Steinhausen 2002, S. 169). Lediglich 44 % der Patienten normalisieren langfristig ihr Essverhalten; bei nur 45 % ist eine vollständige Wiederherstellung zu erreichen, während 20 % eine Chronifizierung entwickeln. Auch wenn die Mortalitätsrate heute mit weniger als 5 % angegeben wird, wird damit die hohe Gefährlichkeit der Anorexia nervosa deutlich. Die beiden folgenden Fallberichte über schwere Erkrankungsformen sollen die Bedeutung familienbezogener Analyse und Therapie hervorheben.

Nadja
Nadja, zwölf Jahre: „Wenn es Vater endlich besser geht, kann ich wieder essen."
Zum Erstgespräch stellen die Eltern (Herr und Frau B.) ihre zwölfjährige Tochter im Juli vor, die vier Monate zuvor noch 43 kg gewogen, sich nun aber auf 32 kg „heruntergehungert" habe. Aus der Sicht der Eltern leidet Nadja seit etwa drei Jahren jeweils im Frühsommer an wiederholten depressiven Phasen, für die sie „magische Anziehungskräfte" verantwortlich zu machen suchen. Nun zeige sie panische Angst, wenn sie nur einmal wenig an Gewicht zunehme, und verweigere jede therapeutische Bemühung. Während die Eltern einen tödlichen Verlauf fürchten, lehnt Nadja jede Hilfestellung ab. Noch während der ersten diagnostischen Episode nimmt sie weiterhin rapide ab und muss mit vitaler Indikation zwei Wochen nach dem Erstgespräch zur stationären Behandlung in eine Kinderklinik eingewiesen werden. Das Klinikteam ist bereit, nicht nur für die internistische Therapie zu sorgen, sondern sich auch für die Durchführung des psychotherapeutischen Konzeptes zu engagieren, das neben VT für Nadja auch die Einzel- und Familientherapie vor Ort und die Teamsupervision umfasst. Nadja verweigert auch nach der stationären Aufnahme jedes Gespräch, jede Hilfestellung und kann mit-

tels Infusionen und Sondenernährung ihr Gewicht halten, aber nicht steigern. Sie spricht weder mit dem Stationspersonal noch mit dem Therapeuten. In der begleitenden Arbeit mit den Eltern öffnet sich die Mutter, während der finster dreinblickende Vater deutlich macht, dass er mit psychologischen Gesprächen nichts anfangen kann noch will.

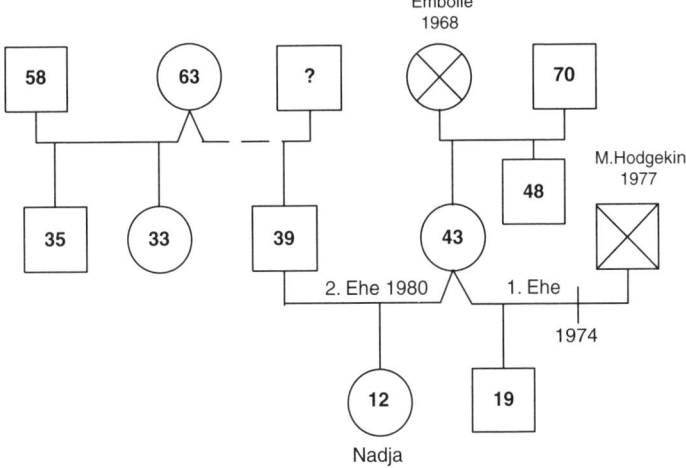

Genogramm Familie B.

Frau B. informiert über die familiäre Zusammensetzung, die im vorstehenden Genogramm abgebildet ist: Sie ist in zweiter Ehe verheiratet. Ihr erster Mann verstarb an einer Krebserkrankung; der 19-jährige Sohn aus dieser Ehe lebt in ihrer jetzigen Familie. Zwischen ihm und seinem Stiefvater bestehen erhebliche Spannungen: Während die Familie mit einschneidender Geldknappheit umgehen muss, fordert er materielle Leistungen der Eltern, die sie kaum aufbringen können. Frau B. bessert das Familieneinkommen auf, indem sie an den Markttagen als Verkäuferin aushilft und abends eine Putzstelle angenommen hat. Mit ihrer Herkunftsfamilie ist sie zerstritten. Ihr Bruder gilt als begütert und mag angeblich mit der materiell benachteiligten Schwester nicht in Kontakt stehen. Ihre Mutter verstarb bereits mit 45 Jahren. Diesen Umstand macht ihr Vater ihr in irrationaler Weise zum Vorwurf und verweigert seit Jahren jeden Kontakt. Frau B., 43 Jahre alt, wirkt angestrengt und verhärmt, unendlich bemüht, den erlittenen Schicksalsschlägen zu begegnen. Sie kann es nicht fassen, dass Nadja trotz ihrer liebevollen Fürsorge so ernst erkrankt ist. Sie übt in jeder Hinsicht Verzicht, gleicht aus und sucht harmonische Beziehungen herzustellen.

Der vier Jahre jüngere Vater arbeitet als Handwerker in der Metallverarbeitung. Kurz vor der jetzigen Erkrankung seiner Tochter war er wegen eines Bandscheibenvorfalles lange krank. Noch sehr erschöpft, versucht er den beruflichen Anforderungen nachzukommen. In einem langwierigen Gerichtsverfahren versucht er, der Familie die jetzige Wohnung zu erhalten und die ausgesprochene Kündigung mit juristischen Mitteln unwirksam zu machen. Er fühlt sich im Recht und hat, bisher erfolglos, große finanzielle Anstrengungen unternommen, sein Ziel zu erreichen. Mit 19 Jahren eröffnete ihm seine Mutter, dass er als Adoptivkind in der Familie lebte. Zunächst aufgewachsen bei seinen Großeltern, wird er vom dritten Lebensjahr an wieder von seiner Mutter betreut, die schließlich einen vier Jahre jüngeren Mann heiratet. Er hat zwei Halbgeschwister, 35 und 33 Jahre alt. Dem jüngeren Bruder gegenüber hat er sich immer benachteiligt gefühlt; er erklärt sich diesen Umstand schließlich durch seinen Adoptionsstatus.

Herr B. bleibt den Elterngesprächen zunächst fern, während die Mutter die angebotene Begleitung intensiv wahrnimmt. Sie schildert eingehend ihre bedauerliche Lage und zeigt sich alsbald darum bemüht, zu einer Steigerung ihres Selbstwertgefühls zu gelangen und Alternativen zu ihrem Weg des chronischen Verzichtes zu finden. Sie weist ihren Sohn aus erster Ehe in die gebotenen Grenzen und arbeitet an der Auflösung der Spannung zwischen ihm und Herrn B., seinem Stiefvater. Sie thematisiert die belastete Ehesituation und überbringt schließlich ihrem Mann unsere erneute Einladung zu einem weiteren Beratungsgespräch. Bis dahin hat sich an der Verfassung von Nadja nichts geändert. Ihr Gewicht stagniert, sie wird weiterhin per Sonde ernährt und verweigert in den regelmäßig angebotenen psychotherapeutischen Gesprächen den Kontakt. Im stationären Team des Krankenhauses treten wiederholt massive Spannungen auf: Während das eine Lager Nadja in ein psychiatrisches Krankenhaus verlegt sehen will, setzt sich das andere Lager nachdrücklich für die Fortführung des Behandlungskonzeptes ein, obwohl bisher kein Erfolg sichtbar ist.

Im Oktober, gut drei Monate nach Beginn der stationären Behandlung, kommt der wie auch zuvor sehr finster dreinblickende Vater allein zur Beratung. Obwohl er gerade einen Arbeitsunfall hatte – Verletzung beider Hände – und eigentlich kein Auto steuern kann, nimmt er den angebotenen Termin wahr. Er macht zunächst erneut deutlich, dass er im Grunde nicht an den Wert psychologischer Gespräche glaube, und weist auf die bisherige Erfolglosigkeit der psychotherapeutischen Arbeit hin. Er könne sich in keiner Weise einen Reim darauf machen, warum seine Tochter das Essen verweigere und in der Magersucht verharre. Schließlich berichtet er dann doch über seine eigene Lage. Er thematisiert seine angespannte Beziehung zu seinem Stiefsohn, der trotz der Geldknappheit der Familie hohe Forderungen stelle und kein Gefühl für die finanzielle Enge aufbringe. In diesem Zusammenhang komme es immer wieder zu Auseinandersetzungen mit seiner Frau. Er kämpfe seit längere Zeit gegen die ergangene Kündigung der preisgünstigen Familienwohnung. Die juristischen Anstrengungen seien bisher erfolglos verlaufen, hätten lediglich größere Geldbeträge verschlungen. Seine Arbeit sei sehr schwer. Nach längerer Krankheit stehe er nun wieder an der Maschine. Am Vortage habe er sich an einem scharfkantigen Blech beide Hände verletzt und falle nun erneut aus. Zudem beklagt er seine Beziehung zu seiner Herkunftsfamilie, die ihrerseits aktuell durch eine entstellende Krebserkrankung seines Adoptivvaters belastet sei. Gegenüber seinem jüngeren Bruder habe er sich lange Jahre hindurch benachteiligt gefühlt. Das habe er erst verstanden, als ihm im Altern von 19 Jahren schließlich eröffnet worden sei, dass er das leibliche Kind nur seiner Mutter und von deren Mann adoptiert worden sei. Seine Mutter habe ihm erst dann mitgeteilt, dass er in der Folge einer Vergewaltigung durch einen russischen Soldaten geboren worden sei. Er sei natürlich noch heute sehr wütend auf diesen Mann, der seiner Mutter Gewalt angetan habe und den er zudem nie kennen lernen könne. Er könne auch nicht verstehen, warum seine Mutter derart lange damit gewartet habe, ihn über die Umstände seiner Zeugung und die später erfolgte Adoption zu informieren. So habe er über Jahre rätseln müssen, warum er von seinem Vater so schlecht behandelt und sein Bruder ihm vorgezogen worden sei.

Als wir ihm dazu raten, die Einzelheiten seines Lebensanfanges doch nochmals mit seiner Mutter durchzusprechen, antwortet Herr B. spontan, dann „bekomme ich Ärger", und er muss gleichzeitig registrieren, dass ein ihm unverständliches und unbekanntes Lächeln über sein Gesicht geht. Er nimmt sich vor, gleich am kommenden Wochenende seine Eltern aufzusuchen. Im darauf folgenden Gespräch zeigt er sich erstaunlich verändert: Die Finsternis hat sein Gesicht verlassen, er wirkt fröhlich und initiativ. Seine Mutter hat ihm eingestanden, dass er keineswegs ein Kind der Gewalt, sondern ein Kind der Liebe sei. Sie hatte sich in seinen Vater, der als russischer Soldat in ihrem Wohnort stationiert war, heftig verliebt und war nach kurzer Begegnung mit ihm schwanger geworden. Daraufhin musste sie mit der massiven Ablehnung ihrer Eltern umgehen. Ihre Herkunftsfamilie hatte dann zu ihrer eigenen Ehrenrettung die Vergewaltigungsgeschichte erfunden und nach der Geburt des Kindes den Sohn zunächst zu sich genommen, während die Mutter zu Ausbildungszwecken in eine andere Stadt ging.

Unmittelbar nach diesem Wochenende, das Herrn B. Aufklärung über seine Wurzeln und Geschichte gab, beginnt Nadja im Krankenhaus zu essen. Ihre Stimmung hellt sich auf; sie kann noch im Dezember entlassen werden. Im Gespräch vermag sie nicht anzugeben, was sich für sie verändert hat. Sie erreicht bald harmonische physische Daten, zeigt kein Interesse an irgendeiner Form weiterer psychotherapeutischer Begleitung, ist dem Therapeuten gegenüber gut gestimmt. Aus dem Sicherheitsbedürfnis der Eltern und des Therapeuten heraus werden in größeren Abständen Kontakte vereinbart, bei denen sich Nadja stabil und ausgeglichen zeigt. Daraufhin erfolgen über die weiteren Jahre gelegentlich Telefonate mit der Mutter, da sich der Therapeut erkundigen möchte, wie es in der Familie weitergegangen ist. Etwa ein Jahr nach Nadjas Krankenhausentlassung wird die Mutter erneut schwanger und bezeichnet das als eine weitere Wirkung der Behandlung. Zeitlich nach der Geburt des Kindes erkrankt der Vater an einem Herzinfarkt, der bedrohlich verläuft, Herrn B. jedoch überleben lässt. Anfang des nächsten Jahres berichtet die Mutter, dass die mittlerweile 21-jährige Nadja in einer Kinderarztpraxis Arzthelferin geworden sei und nun Anstellung und Ausbildung in einer gynäkologischen Praxis anstrebe. Allen Familienmitgliedern gehe es gut; kürzlich sei ein Umzug in ein Haus erfolgt.

Kommentar

Kindliche Symptomatik:
Anorexia nervosa.

Systemische Hypothese:
Tochter fürchtet um seelische und körperliche Verfassung des Vaters und bleibt bei ihrem Symptom, bis Hilfe wirksam wird.

Elternebene:
Der Vater muss sein negatives Selbstbild als „Nur-Adoptivsohn" überwinden und mit dem Kampf um seinen Platz aufhören können.

Dreigenerationenperspektive:
Die Großmutter väterlicherseits hat ihren Sohn fälschlicherweise als Produkt einer Vergewaltigung dargestellt.

Interventionen:
→ *Kind:* Stationäre Verhaltenstherapie.
→ *Vater:* Klärung seiner Herkunft als „Kind der Liebe".

Dieser Fallbericht mag dazu veranlassen, bei der Anorexia-nervosa-Behandlung auf die mögliche Bedeutung des Vaters zu fokussieren, auch wenn damit keine Entscheidung über einen Kausalzusammenhang zu treffen ist. Die vitale Bedrohung der Zwölfjährigen machte zu Anfang der Behandlung die umgehende stationäre Einweisung erforderlich. Das supervidierte kinderklinische Team sah angesichts des sehr schlechten Allgemeinzustandes die Sondenernährung als unausweichlich, weshalb Nadja sich als massiv feindlich behandelt erlebte und während der gesamten klinischen Episode weder mit den Eltern noch mit dem Therapeuten noch mit dem Stationsteam einen positiv getönten Kontakt zuließ. Begleitend erfolgte die Arbeit mit den hoch belasteten Eltern. Erst ganz allmählich war ein Überblick über die verschiedenen gegebenen Adversitäten zu gewinnen. Der abweisend, finster und depressiv wirkende Vater mochte sich zunächst kaum auf psychologische Gespräche einlassen. So dominierten zuerst Unterredungen mit der Mutter, die in ihrer Biografie eine Fülle belastender Ereignisse aufwies: Zerwürfnisse mit ihrer Herkunftsfamilie, Tod ihres ersten Mannes, materielle Not und gespannte Beziehungen zwischen ihrem Sohn aus erster Ehe und ihrem jetzigen Mann. Erst angesichts der bleibenden gesundheitlichen Bedrohung von Nadja ist der Vater zu Gesprächen einzuladen. Jetzt erst berichtet er über seine Kindheit und die ihn belastende Selbstwahrnehmung als „Vergewaltigungsfolge" und „Nur-Adoptivkind". Mit der erarbeiteten Korrektur seiner Biografie, gegen jede frühere Annahme doch ein „Kind der Liebe" zu sein, verliert er schlagartig seine depressive Grundstimmung. Mit kaum zu erwartender Plötzlichkeit beginnt Nadja zu essen, kann aus der klinischen Behandlung entlassen werden. Eine Fortsetzung therapeutischer Bemühungen wird von ihr abgelehnt. Die langjährige Katamnese über mittlerweile neun Jahre belegt den guten Verlauf, der vielleicht verständlich wird, will man dabei eine synergetische Dynamik sehen, die diesen erdrutschartigen Wandel ermöglichte.

Andrea

Andrea, 15 Jahre: „Mutters Tod war so schlimm. Helft mir doch, ihren Verlust zu tragen!"

Andrea kommt Anfang des Jahres mit ihrer Stiefmutter zum Erstgespräch. Sie ist 1,68 m groß und hat in den letzten neun Monaten mittels der üblichen anorektischen Strategien ihr Gewicht auf 41 kg reduziert. Das nachstehende Genogramm verdeutlicht die Besonderheiten der aktuellen Familienkonstellation:

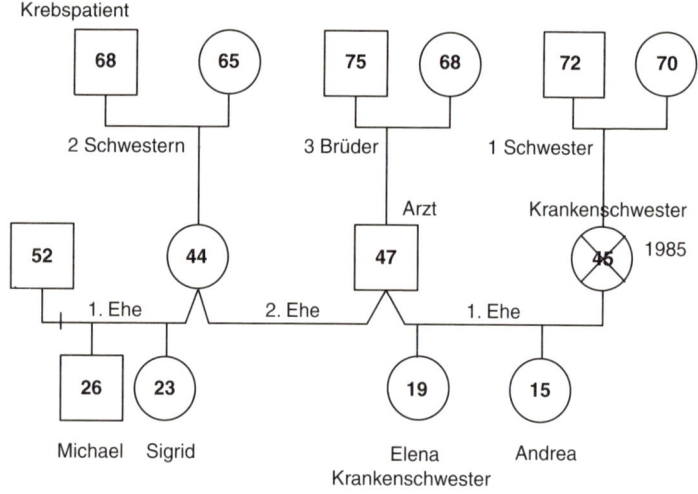

Genogramm Familie P.

Die erste Frau von Herrn P., der als Krebsspezialist arbeitet, von Beruf ehemals Krankenschwester, überlebte mit 32 Jahren eine Brustkrebserkrankung und verstarb 1988 völlig überraschend an einer Hirnblutung unklarer Ursache, als Andrea 13 Jahre alt war. Herr P. heiratete kurz darauf eine ehemalige Krebspatientin, die ihm ihrem Erleben nach ihr Leben verdankt und zum Erstvorstellungszeitpunkt um das Überleben ihres ebenfalls an Krebs erkrankten Vaters fürchtet. Andreas ältere Schwester hat vor kurzem nach ihrem Auszug aus der Familie eine Ausbildung zur Krankenschwester begonnen.

Im ersten gemeinsamen Familiengespräch macht der Vater seine Sorge deutlich, er könnte bezüglich seiner Tochter, deren Magersuchterkrankung ihm vollkommen unverständlich ist und die er als „Spuk" erlebt, als Arzt schuldhaft versagen. Er thematisiert die „spitze Nase" seiner abgemagerten Tochter, die ihm einen Hinweis auf ihre Bedrohung durch den Tod bedeutet. Andrea macht in verhaltenen Tönen ihrem Vater und der Stiefmutter den Vorwurf, die Mutter allzu schnell vergessen zu haben. Der Familienroman stellt die verstorbene Mutter in ein sehr ungünstiges Licht: Sie habe nach ihrer Brustkrebserkrankung – Andrea war damals zweieinhalb Jahre alt – das affektive Klima in der Familie sehr belastet. Sie sei sehr streng geworden, habe ehrgeiziges Interesse nur noch an sehr guten Leistungen ihrer Kinder gezeigt. Ihrem Mann sei sie jedenfalls sehr lieblos begegnet, sodass er sich mehr und mehr auf seine Arbeit verlegt und zunehmend mehr Zeit im Krankenhaus verbracht habe. Mit keinem Wort wird das körperliche Leid zur Sprache gebracht, das die Mutter nach Brustamputation und den konsekutiven Zirkulationsstörungen im Bereich des betroffenen Armes zu bewältigen hatte.

Unaufgefordert nimmt Sigrid, die Tochter der Stiefmutter aus erster Ehe, allein Kontakt mit dem Therapeuten auf, und legt, einerseits um Geheimhaltung bittend, andererseits aber durchaus in stiller Koalition mit der Familie, dar, wie die früh verstorbene Mutter „aus dem Grab heraus" möglicherweise krank machenden schlechten Einfluss auf Andrea und die jetzige Familie nehme. Implizit fordert sie den Therapeuten dazu auf, sich für den Seelenfrieden der Mutter einzusetzen, während es ihr eigener Beitrag sein könnte, durch ihr Gebet in diesem Sinne wirksam zu werden. Andrea nimmt nach Beginn der als Einzel- und Familientherapie unter somatischer Kontrolle durch einen Internisten geführten Behandlung weiterhin dramatisch ab. Der unbewältigt erscheinende Wandel der Familienstruktur seit dem Tod der Mutter und die unmittelbaren Wiederverheiratung des Vaters bleiben tabuisiert; allen Familienmitgliedern scheint an der Aufrechterhaltung des Familienromans gelegen: Allen müsste es eigentlich gut gehen, wenn nur die verstorbene Mutter „besser" gewesen wäre und nicht auch heute noch ihren vermuteten ungünstigen Einfluss auf Andrea ausüben würde, sei es, weil sie zu Lebzeiten gut getan hätte, oder sei es sogar, dass sie auf mystische Weise als Tote nicht zur Ruhe gekommen sei und das jetzt endlich gefundene Familienglück zu stören suche.

Andreas Vorhaben, im Sommer als Austauschschülerin nach Amerika zu gehen, wird angesichts der weiteren Gewichtsreduktion auf 35 kg seit Behandlungsbeginn infrage gestellt und im März schon abgesagt. Mit dem Hinweis auf die Psychotherapiemöglichkeiten in USA gelingt es nun, den beabsichtigten Auslandsaufenthalt für die Therapie zu utilisieren. Andrea lässt sich zur vorwärts koppelnden Imagination ihrer Rückkehr aus der USA nach gut verlaufenem Aufenthalt dort einladen: Aus dem Flugzeug ausgestiegen, sieht sie auf der Plattform über der Rolltreppe auf die sie abholenden Eltern herab und beschreibt die Fülle der zwischenzeitlich eingetretenen Veränderungen, was sie selbst und die anderen betrifft, und nimmt bereits von da an zu. Mit 39 kg Gewicht und bei entspannterem Verhältnis zwischen ihr und namentlich der Stiefmutter geht sie im August nach Amerika. Nach ihrer Rückkehr stellt sie sich in der Therapie zunächst nicht wieder vor. Circa ein Jahr nach Beginn ihres USA-Aufenthaltes wiegt sie 56 kg und berichtet über das Wiedereinsetzen ihrer Periode seit drei Monaten. Die Wiederaufnahme der Therapie sei zwar auch durch ihre Stiefmutter veranlasst worden, mit der sie seit ihrer Rückkehr wegen deren angeblichen Egoismus und deren Lieblosigkeit („Du bist nicht in Ordnung. Du tust nichts mir zu Liebe!") ihr gegenüber ständig im Streit liege, sie aber auch aus eigener Motivation gerne kommen wollen, da sie sich bisweilen doch sehr instabil fühle und immer noch an den Nägeln kaue. Während ihrer Abwesenheit in Amerika sei ihr erst klar und bewusst geworden, dass „die Neue" bereits vier Wochen nach dem Tod ihrer Mutter da gewesen sei. So sei sie traurig und frage sie sich jetzt, ob der Vater die Mutter vergessen habe. Die Stiefmutter beklagt nun einen Monat später, dass die gespannte Beziehung zwischen Andrea und ihr die Partnerschaft mit ihrem Mann störe, und stellt sich weitere neun Monate später nochmals vor, weil sie sich durch die kürzlich 18 Jahre alt gewordene Andrea aus der Familie verdrängt fühle. Und das werte sie als eine Wirkung der verstorbenen leiblichen Mutter: Andrea sei ihrem Wesen nach wie diese (die sie nicht kannte). Ihr bereite der unfrohe Ausdruck ihres Mannes Sorge. Andrea wiegt mittlerweile 62 kg und legt noch betonten Wert auf die Zusammensetzung ihrer Ernährung. Die Therapie findet mit der Anregung für die Stiefmutter, die „Verstorbene im Grab" zu lassen, ihren Abschluss.

Vier Jahre später meldet sich Andrea im Frühjahr erneut. Sie studiert mittlerweile Pädagogik, lebt in eigener Wohnung am Studienort und sieht sich in fester Bindung mit einem Studenten, in dessen Familie sie sich nicht willkommen fühlt. Als Anlass ihres Kommens nennt sie die traurige Verfassung ihrer Schwester, die sie gern dazu bringen möchte, sich ebenfalls hier vorzustellen. Sie quält sich mit der Frage, warum ihre verstorbene Mutter sie beide so schlecht behandelt habe. Sie nimmt nochmals drei Kontakte in Anspruch, innerhalb deren die Familienentwicklung bis zum Tode ihrer Mutter nachgezeichnet wird. Ende des Jahres schreibt sie dem Therapeuten ausgiebig: Sie könne nun liebevoller an ihre Mutter denken und sei friedlicher mit ihr. Sie müsse sie nun nicht mehr aus ihrem Leben verbannen und teile nicht länger die Auffassung ihres Vaters und der Stiefmutter, dass ihre Mutter an der früheren Magersucht die Schuld trage. Sie habe durch die Mutter viel Strenge erfahren, fühle aber nun auch Dankbarkeit dafür, dass sie heute leben dürfe. Das größte Erstaunen verschaffe ihr jedoch die Tatsache, dass sie erst seit diesem Frühjahr keine besonderen Gedanken mehr an das Essen verschwenden müsse.

Kommentar

IP-Symptomatik:
Willentliche Gewichtsreduktion (Anorexia nervosa).

Systemische Hypothese:
Mit dem Risiko der Todesnähe fordert Andrea vom Vater (dem Arzt) und der Stiefmutter, ihre Mutter zu achten, da beiden am raschen Vergessen der Unglück bringenden gelegen sei.

> Elternebene:
> Vater und Stiefmutter sehen in der Anorexia nervosa den Unglück bringenden Einfluss der Mutter „aus dem Grab heraus".
>
> Dreigenerationenperspektive:
> Krebskontext: Vater ist Krebsspezialist, die Mutter verstarb an Brustkrebs, die Stiefmutter, deren Vater krebskrank ist, wurde vom Vater von Leukämie geheilt; der Vater erlebt Andrea moribund wie eine Krebskranke.
>
> Interventionen:
> → *Kind:* Appell an ihre Autonomie und Entlassung aus der Aufgabe, allein das Gedenken an die Mutter zu wahren. Aufforderung, an ihrem eigenen Bild von der in der Familie „verteufelten" Mutter zu arbeiten, sich eine eigene Meinung zu leisten.
> → *Vater und Stiefmutter:* Auch die guten Seiten der Mutter zu sehen und sie „im Grab zu lassen".

Die Mutter starb nach zu vermutender Überwindung ihrer Brustkrebserkrankung urplötzlich an den Folgen einer Hirnblutung, als Andrea zwölf Jahre alt war. Die zurückliegende Zeit war für den Vater und beide Töchter sehr belastend gewesen. Die Mutter hatte offensichtlich ein freudloses und hartes Regiment geführt; hatte die Schwestern mit harten physischen Strafen erzogen und dabei wenig Unterstützung vom viel beschäftigten Vater erfahren.

Die Kinder standen in der bedrückenden Erinnerung an ihre Mutter und hörten später auch vom mit ihr unglücklich gewesenen Vater nur Negatives. Dennoch war Andrea bestürzt, dass der Vater so bald nach dem Tod der Mutter seine ehemalige und soeben gerettete Patientin ins Haus holte. Verbunden mit der zweiten Ehe, erlebten die Kinder den Umbau des Hauses als das Bemühen, die Mutter rasch zu vergessen.

Tief erschrocken über die unvermittelt einsetzende Erkrankung von Andrea an Anorexia nervosa, sieht der Vater darin eine Unheil bringende Wirkung der toten Mutter. Er begegnet, im Verein mit seiner neuen Partnerin, seiner magersüchtigen Tochter solchermaßen feindlich, als müsse er sich erneut gegen seine erste Frau behaupten. So erfährt Andrea zunächst keine Unterstützung, sondern Gegnerschaft. Erst als deutlich wird, auf welche Talfahrt sich Andrea begeben hat, überwindet der Vater seine lang gehegte Abneigung gegen psychologische Hilfestellungen und bringt seine Tochter in die Therapie. Andrea nimmt die dortigen Bemühungen dankbar auf, zumal sie sich dort als mit ihrer Not angenommen und nicht mehr isoliert erlebt.

Der ohnehin geplante Auslandsaufenthalt in Amerika bekommt therapeutische Bedeutung, die auf Autonomie zielenden begonnenen Interventionen können für den Entwicklungsprozess utilisiert werden: Die hypnotische Verschreibung einer Rückkehr mit Souveränität und Wiederherstellung tut ihre fruchtbare Wirkung. In Andreas Abwesenheit und einige Zeit danach arbeitet die Stiefmutter an der Aufrechterhaltung des Negativbildes der längst verstorbenen Mutter, kann aber schließlich beruhigt werden. Andrea ist gut aus Amerika zurückgekommen, macht Abitur und nimmt ihr Studium auf. Ihre Auseinandersetzung mit dem Vater und der Stiefmutter um das rechte Bild von ihrer Mutter ist beendet. Dennoch hadert sie weiter in ihrem Innersten mit ihrem eigenen Bild von der Mutter und sucht einige Zeit später den Therapeuten nochmals auf. Erst in der dann folgenden kürzeren Episode kann sie ihre stille Loyalität mit der Familienmeinung überwinden, gelangt zu einem eigenen Bild und dem lange gesuchten Frieden und überwindet so ihre auf die Nahrungsaufnahme bezogenen Restsorgen.

5.5 Zwangsstörungen (F 42.0)

Wiederkehrende Zwangsgedanken und Zwangshandlungen kennzeichnen diesen Störungskomplex „Zwangsstörungen". Sie beschäftigen den Patienten in stereotyper Weise und werden als quälend, sinnlos und unlogisch erlebt. Die Betroffenen finden keine Möglichkeit, den daraus erwachsenden Impulsen Widerstand zu leisten. Sie erleben solche Gedanken und Handlungen als ein unausweichliches „Muss" und vorbeugend gegen objektiv unwahrscheinliche Ereignisse oder unspezifische und nicht benennbare Ängste. Mit der Gedankenarbeit und der Ausführung von Zwangshandlungen ist regelmäßig ein ausgedehnter Zeitverbrauch verbunden: Während Gedanken gedacht und Handlungen wiederholt werden, können andere Tätigkeiten nur eingeschränkt oder gar nicht stattfinden. Zwangshandlungen sind häufig von rituellem Charakter und beziehen sich in der Regel auf Sauberkeit, Ordnung und Kontrollverhalten. Das Ritual ist eine wirkungslose Vermeidungsstrategie, wenn auch nicht in jedem Fall angegeben wird, welcher konkreten Gefahr damit entgegengetreten werden soll.

Die Zwangskrankheit ist bei Männern und Frauen gleich häufig. Der Krankheitsbeginn liegt bei unterschiedlichem Verlauf meist in der Kindheit oder im frühen Erwachsenenalter. Folgende diagnostische Kriterien dienen gemäß ICD-10 der Einteilung der unterschiedlichen Störungsbilder (F 42.0–9):

A) Entweder Zwangsgedanken oder Zwangshandlungen (oder beides) an den meisten Tagen über einen Zeitraum von mindestens zwei Wochen hinweg.
B) Die Zwangsgedanken (Ideen oder Vorstellungen) und Zwangshandlungen zeigen sämtliche der folgenden Merkmale:
 – Sie werden von den Betroffenen als eigene Gedanken/Handlungen angesehen und nicht als von anderen Personen oder Einflüssen eingegeben;
 – sie wiederholen sich dauernd und werden als unangenehm empfunden, und mindestens ein Zwangsgedanke oder eine Zwangshandlung wird als übertrieben und unsinnig erkannt;
 – die Betroffenen versuchen, Widerstand zu leisten; gegen mindestens einen Zwangsgedanken oder eine Zwangshandlung wird gegenwärtig erfolglos Widerstand geleistet;
 – das Denken eines Zwangsgedankens oder die Ausführung einer Zwangshandlung ist für sich genommen nicht angenehm (dies sollte von einer vorübergehenden Befreiung von Spannung und Angst unterschieden werden).
C) Die Betroffenen leiden unter den Zwangsgedanken und Zwangshandlungen oder werden in ihrer sozialen oder individuellen Leistungsfähigkeit behindert, meist durch den besonderen Zeitaufwand.
D) Häufigstes Ausschlusskriterium: Die Störung ist nicht bedingt durch eine andere psychische Störung wie Schizophrenie und verwandte Störungen oder affektive Störungen.

Steinhausen (2002, S. 145) fordert angesichts der Tendenz zur Chronifizierung von Zwangsstörungen den frühzeitigen Einsatz essenzieller Maßnahmen und nennt die Verabreichung von selektiven Serotonin-Wiederaufnahmehemmern als das Mittel der ersten Wahl. An dieser Stelle sei darauf hingewiesen, dass bereits 1992 durch Baxter et al. (zit. nach Hüther et al. 1999) der Nachweis darüber geführt wurde, dass bei Zwangskranken identische neuroplastische Prozesse sowohl durch Serotonin-Wiederaufnahmehemmer als auch durch Verhaltenstherapie induzierbar sind. Verhaltenstherapeutisch sind die Exposition sowie die Reaktionsverhinderung gegenüber gefürchteten Reizen und Situationen in vivo und in der Vorstellung einzusetzen.

Hans
Hans, 15 Jahre: Kurzweil heilt Zwang.
Hans T. kommt bei einer Magersuchtvorgeschichte mit 13 Jahren in die Beratung. Ihm war zuvor eine Arzneimittelverordnung angekündigt worden, wenn er nicht in allernächster Zeit mehr als 39 kg wiegen würde. Neben seiner willentlich herbeigeführten Gewichtsreduktion beschreiben seine Eltern eine seit langer Zeit bei ihm bestehende übergroß erscheinende Neigung, sehr ordentlich zu sein.

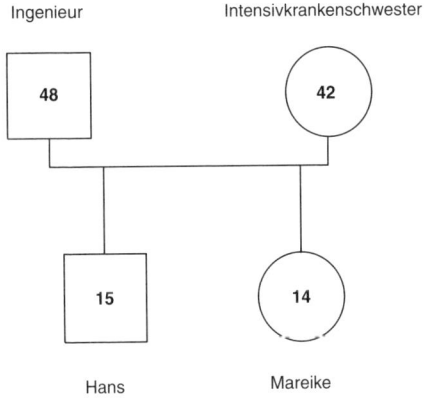

Familie T.

Während der zweizügig als Einzel- und Familientherapie geführten Behandlung zeigt Hans eine gute körperliche Entwicklung, die keine Kämpfe mit von ihm verteidigten Gewichtsgrenzen spüren lässt. Sein sportliches Interesse steht nicht mehr im Dienst der Gewichtsregulierung, sondern belohnt ihn sowohl mit Zuwachs an Fitness und Muskelkraft als auch mit zunehmender Integration in seine Peergroup.

Die erste Behandlungsepisode umfasst ca. zwei Jahre. Ein Vierteljahr danach meldet sich Frau T. erneut und berichtet von bizarr anmutenden Verhaltensphänomenen ihres Sohnes, durch die sich die Eltern zu wütender Weißglut getrieben fühlen: Von draußen ins Haus kommend, benötigt er sehr viel Zeit, die Schuhbänder seines ausgezogenen Schuhwerks nach bestimmten Prinzipien zu ordnen. Bei den Familienmahlzeiten zu Tisch gerufen, rückt er seinen Stuhl Zeit verschlingend in irgendwie berechnete Positionen zurecht, bevor er Platz nimmt. Gedrängt, sich damit zu beeilen, verfällt er bisweilen in unflätige Wutäußerungen. Niemand aus der Familie darf sein Zimmer betreten. Frau T. soll seine gewaschene Kleidung vor seinem Zimmer deponieren, die er allein in seinen Wäscheschrank einzuräumen beansprucht, was er, Wäscheberge bildend, jedoch über längere Zeiträume hinweg nicht tut.

Hans lehnt es zunächst ab, nochmals therapeutische Hilfe in Anspruch zu nehmen, kommt dann allein, groß gewachsen mit kräftigem, männlichem Erscheinungsbild, zu einem erneuten Gespräch, das er auf keinen Fall im Familienkreis führen möchte. Wir plaudern über seine gute schulische Entwicklung, seine sportlichen Aktivitäten, auch vorsichtig über seine Beziehung zum Essen, können auch über seine Beziehungen zu seinem Leib und in der gebotenen Distanz über seine als adäquat zu beurteilenden sexuellen Empfindungen und Handlungen sprechen.

Hans kommt dann auf seine Zwangshandlungen zu sprechen, die für ihn nicht nur Anstrengung bedeuten, sondern ihm auch deshalb sehr lästig sind, weil sie seine Zeit verbrauchen. Er selbst hatte bereits herausgefunden, dass er so, wie ihm früher sein Essverhalten „als Waffe" gegen die Eltern, also als Mittel zur Abgrenzung gegen sie, nützlich war, jetzt diese ihn selbst störenden Handlungen entwickelt habe und weiterhin einsetzen werde, obwohl dies im Grunde nicht notwendig wäre, weil seine Eltern, aus Furcht vor falschen Einflussnahmen, ihm jeden Freiraum ließen. Ganz im Gegenteil würde er sich heute insgeheim wünschen, dass er seitens der Eltern ein höheres Maß an ihm Orientierung bietenden Vorschriften erhielte, was er, um sein Gesicht nicht zu verlieren, andererseits nicht offen zugeben könne.

Wir erörterten die sich aus diesen widersprüchlichen Beziehungsaspekten abzuleitende Veranlassung für ein neuerliches Familiengespräch, einigten uns aber schließlich, seine Autonomiewünsche respektierend, auf die Fortsetzung unserer Arbeit im Einzelkontakt. Hans entdeckt dann zunächst einige Ausnahmen von Zwangshandlungen enthaltenden Zeitverläufen: Wenn er mit der Familie verreise, bleibe die Zwangsveranlassung verlässlich zu Hause, und ebenso, wenn die Zeit durch Sport und Kontakte mit anderen Jugendlichen strukturiert sei. Generell, wenn er sich müde fühle oder Zeitmangel herrsche, bleibe kein Raum für die Gebote des Zwangs, während sich vor allem das Gefühl von Langeweile verschlimmernd und zwangsauslösend auswirke.

In der Folge besprechen wir die für ihn gültige Unterscheidung von Langeweile bzw. – nach der Wiedereinführung des in unserem Sprachgebrauch verlassen Begriffes – Kurzweil. Die Aufteilung der durch ihn nach „Weile-Unterschieden" zu bewertenden Erlebnisqualitäten führt zur Definition der Einheit „Kurzweil pro Stunde". Hans beendet die Sitzung mit der Zielsetzung, so bald wie möglich 55 Einheiten pro Stunde zu erreichen. Sechs Wochen später berichtet er darüber, mit Schwankungen an den einzelnen Wochentagen 70–90 % des Zieles erreicht und entsprechend Zwangshandlungen abgebaut zu haben, und beendet seinen Behandlungsauftrag.

Kommentar

IP-Symptomatik:
Zwangsstörung nach überwundener Anorexia nervosa.

Systemische Hypothese:
Versuch des Vaters, durch Unterlassen jedes pädagogischen Impulses dem Sohn nicht zu schaden. Bei Hans nach heftig erstrittener Selbstbestimmung während der anorektischen Episode nun das Gefühl der Orientierungslosigkeit: Aufforderung an den Vater, ihm Koordinaten vorzugeben.

Elternebene:
Latente protrahierte Ehekrise bei Unzufriedenheit der Mutter mit der familiären Einbindung des Vaters und dessen Enttäuschung über seinen Sohn.

Interventionen:
→ *Kind:* Entwicklung eines neuen Zeitmanagements.

> *Eltern:* Ermutigung zur pädagogischen Strukturgebung und Reflexion ihrer Paarsituation.

Die Familie hat eine für alle hochgradig angstbesetzte Zeit hinter sich gebracht: Hans war schwer an Anorexia nervosa erkrankt gewesen. Sowohl die Krankheit als auch frühere therapeutische Interventionen waren von Hans und seinen Eltern als sehr machtvoll erlebt worden. Bei den Eltern hatte sich die Überzeugung gebildet, an der Magersucht des Sohnes schuld zu sein. Die vergangene therapeutische Episode hatten sie dann als angenehm arm an Instruktionen überzeugt. Sie hatten die Anorexia nervosa als Mittel ihres Sohnes verstehen gelernt, seine Selbstbestimmung zu erreichen. Aus dieser Erfahrung heraus waren sie in hohem Maße darum bemüht, nicht in seine Lebensgestaltung einzugreifen. Das kam dem vor allem beruflich orientierten Vater sehr entgegen, während die als Intensivkrankenschwester an stark strukturierendes Handeln gewöhnte Mutter sich nun mit großer Anstrengung von jedem Intervenieren zurückzuhalten gelernt hatte. Hans erlebte die neue pädagogische Zurückhaltung der Eltern als sehr ambivalent: Er genoss zwar die gewonnene Freiheit und Selbstbestimmung, vermisste aber andererseits die Orientierung gebende Funktion der Eltern. Passend zu dieser Ambivalenz, verbat er sich zum einen, dass ein anderes Familienmitglied sein Zimmer betrete, verhielt sich aber zum anderen derart schwierig, dass sich die Eltern aufgefordert fühlen mussten, ihm pädagogisch zu begegnen: z. B. beim extrem umständlichen und zögerlichen Platznehmen bei den Familienmahlzeiten oder wenn er das Verlassen des Hauses zu gemeinsamen Unternehmungen verzögerte.

Hans hatte sich nur schwer auf eine erneute therapeutische Episode aus Anlass der Zwangsstörung einlassen können, da eine solche für ihn eine erneute Einschränkung seines Autonomiebedürfnisses bedeutete. Lediglich die Aussicht, diese lästige Störung loswerden zu können, konnte ihn schließlich einer Einzeltherapie zustimmen lassen. Er erkannte bald, wie sehr ihm die Strukturierungen durch seine Eltern doch noch fehlten. Sein Stolz verbot ihm jedoch, um Anweisung und Orientierung zu bitten. Hilfreich war dann die Herausarbeitung der Ausnahmen vom zwanghaften Verhalten: Er hatte bemerkt, dass er bei Flugreisen mit anschließenden Hotelaufenthalten ohne jede Schwierigkeit die damit verbundenen Zeitvorgaben, Abflugzeiten und zeitlich festgelegte Mahlzeiten im Hotel, einhalten konnte. Das damit von außen vorgegebene Zeitgitter dominierte zu seiner Erleichterung seine innere Aufforderung, einem Zwangsimpuls zu folgen. Andererseits fiel ihm auf, in welcher Ausdehnung Zwangsimpulse sein Leben zu bestimmen suchten, wenn er das Gefühl der Langeweile hatte. So konnte sein Umgang mit der Zeit zum Lösungsschlüssel werden. Zu erfinden war nun die neue Zeiteinheit: Kurzweil pro Stunde, die er in der Folge genauestens zu dokumentieren hatte. So gelang das Defokussieren von den Inhalten der Zwangshandlungen zu deren schon definitionsgemäß gegebenen Zeit verbrauchenden Kontext. Hans gelang es nun, sich der Zeit wieder zu bemächtigen und damit zum Kontolleur der ihn zuvor kontrollierenden und im Dienste der Strukturgebung stehenden Zwangsimpulse zu werden.

Aus der Erfahrung mit Kindern und Jugendlichen, die zwanghafte Störungen zeigen, erscheint es uns grundsätzlich therapeutisch lohnenswert, die sich aufdrängenden Handlungen als Ersatz für andere Struktur gebende Impulse zu verstehen. Da zudem eine logische Auflösung der unsinnigen Handlungen nicht gelingen kann, bietet es sich geradezu an, auf eine kontextuelle Bedingung des Zwanges zu fokussieren: die Zeit. Dabei lässt sich die Neigung zu Ordnungsbetonung und Kontrolle utilisieren, indem der Betroffene dazu veranlasst wird, zur Herrschaft über seine Zeit zurückzufinden. Bei jüngeren Kindern ist die Wahrnehmung der pädagogischen Funktionen durch die Eltern wiederherzustellen, wenn diese verloren ging. Nicht selten haben sich die Eltern gänzlich darauf eingestellt, im Dienste der Konfliktvermeidung den Anweisungen ihrer Kinder Folge zu leisten. Mit dieser zugestandenen Selbstbestimmung etabliert sich dann ein Teufelskreis, indem die durch die Eltern befolgten Vorschriften neue Vorschriften hervorbringen usf., da das Kind eigentlich nach Strukturgebung von außen verlangt, zu der sich die Eltern eben nicht trauen. Fühlen sich in solchen Mustern die Eltern dann wieder kräftig und mutig und üben ihre Koordinaten gebende und damit Sicherheit bietende Funktion wieder aus, sistieren die zwanghaften Impulse beim Kind.

5.6 Psychotische Störungen (F 2.0)

Psychotische Störungen werden eingeteilt in schizophrene, affektive und organische Psychosen und kommen im Kindes- und Jugendalter relativ selten vor. Die Prävalenz für schizophrene Psychosen beträgt 0,5 %; 4 % der Gesamterkrankungen beginnen vor dem 14. Lebensjahr. Epidemiologische Studien ermittelten als Häufigkeit der affektiven Psychosen in der Allgemeinbevölkerung 0,5 bis 3 %; 15 bis 20 % der Patienten erkranken vor dem 20. Lebensjahr. Organische Psychosen sind Folgeerscheinungen von neurologischen und internen Erkrankungen und somit kein Gegenstand psychotherapeutischer Arbeit.

Die Familientherapie hat sich von ihren Anfängen an um Erkenntnisse über die Entwicklungsbedingungen für schizophrene Erkrankungen bemüht (Habermas 1984; Stierlin 2001). Diese Forschungsinitiative während der Mitte des 20. Jahrhunderts hat wichtige Kenntnisse über Formen und Störungen der zwischenmenschlichen Kommunikation erarbeitet, deren Bedeutung mit zunehmender Untersuchbarkeit und Beachtung neurobiologischer Zusammenhänge in den Hintergrund getreten ist. Einer systemischen Betrachtungsweise muss heute daran gelegen sein, soziale und biologische Faktoren integriert zu betrachten und die Nützlichkeit sowohl kommunikativer als auch pharmakotherapeutischer Behandlungsstrategien anzuerkennen. Keine der möglichen therapeutischen Bemühungen kann heute von sich behaupten, allein die Heilung schizophrener und affektiver Psychosen bewirken zu können. Z. B. hat die so genannte Doublebind-Theorie (Bateson 1985) unseren Sinn für kommunikative innerfamiliäre Abläufe geschärft; die Auflösung solcher pathologischer Kommunikation zieht aber keineswegs gesichert die Wiederherstellung der Gesundheit nach sich. Ebenso werden heute Hirnstoffwechselbesonderheiten besser verstanden und, einhergehend mit geringer ausgeprägten Nebenwirkungen, mittels der atypischen Neuroleptika modifiziert, auch wenn auf diesem Wege keine Heilungen bewirkt werden können. Als beispielhaft für eine sinnvolle Integration systemischer und pharmakotherapeutischer Interventionen sei eine Untersuchung genannt, die aufzeigt, dass die Arzneidosierungen vermindert werden können, wenn zugleich familienbezogen gearbeitet wird (Retzer et al. 1991).

Radjul
Radjul, 16 Jahre, braucht dringend vom Vater die Erlaubnis, wütend sein zu dürfen.

Auf Anregung des Nervenarztes, dem die antipsychotischen Verordnungen der vorbehandelnden Klinik für Kinder- und Jugendpsychiatrie therapeutisch unzureichend erschienen, kommt die Familie T. zum Erstgespräch. Radjul war in den vergangenen vier Jahren mehrfach wegen aggressiver Durchbrüche stationär aufgenommen worden. Zuletzt hatte er unter Einsatz körperlicher Gewalt mit missionierender Intention seine Mitschüler von der Bedeutung des Islam zu überzeugen versucht.

Radjul, ältester Sohn der pakistanischen Familie T., wurde von seinen Eltern, dem 15-jährigen Bruder Achmed und seiner achtjährigen Schwester Maysun begleitet. Der Vater, 49 Jahre alt, wirkte blass und kränklich. Eng neben der 36-jährigen Mutter, angeblich weder der deutschen noch der englischen Sprache mächtig, nahm die kleine Schwester Platz. Nadim, der jüngere Bruder, sehr wach, von asketisch wirkendem Aussehen und mit souveräner Ausstrahlung, übernahm die Rolle der Übersetzerin. Das Gespräch wurde wechselnd zwischen Englisch, Deutsch und der pakistanischen Muttersprache der Familie geführt.

Radjul zeigte in seinem psychomotorischen Ausdruck als Nebenwirkung der Arzneibehandlung Verlangsamung der Motorik und eingeschränkte mimische Bewegungen. Mit gesenktem Blick und nach vorn gebeugt, schien er das Gespräch teilnahmslos über sich ergehen zu lassen. Der Vater, von Beruf Kaufmann, jetzt erwerbslos, gab zu Anfang einen Überblick über die Krankengeschichte des Sohnes: die Anzahl der stationären Behandlungen und die verschiedenen Medikationen, auf die er auch weiterhin vertrauen wolle, auch wenn damit bisher keine grundsätzlichen Änderungen zu erreichen gewesen seien. Wie auch aus den vorliegenden Krankenhausberichten zu entnehmen, hatten andere psychotherapeutische Behandlungen unter Berücksichtigung des familiären Geschehens oder der Bedeutung der Kulturberührung noch nicht stattgefunden.

Die Familie hatte vor fünf Jahren Pakistan verlassen wegen des dortigen Verbotes der Ausübung ihrer speziellen islamischen Religion, der Achmedia-Orientierung, die gemäß der Erläuterung durch den Vater u. a. von einem strikten Gewaltverzicht gekennzeichnet ist. Abgesehen von der geschilderten Verfolgung der Achmedia-Bewegung in Pakistan, hatte die überzeugte Sanftmütigkeit des Vaters auch zum wirtschaftlichen Niedergang der Familie geführt, da es dem Vater u. a. verboten erschien, Schulden und Außenstände einzutreiben. Eigentlich mit der Absicht gekommen, sich wieder mit den anderen Mitgliedern der zuvor nach Kanada ausgewanderten Großfamilie vereinigen zu können, wurde die Familie in Deutschland in eine Notwohnung eingewiesen. Ein Jahr später gelang der Umzug in den jetzigen Wohnort, in dem sich eine größere Achmedia-Gemeinde gebildet hatte. Weiterhin steht der fünfköpfigen Familien als Notunterkunft eine Einzimmerwohnung zur Verfügung.

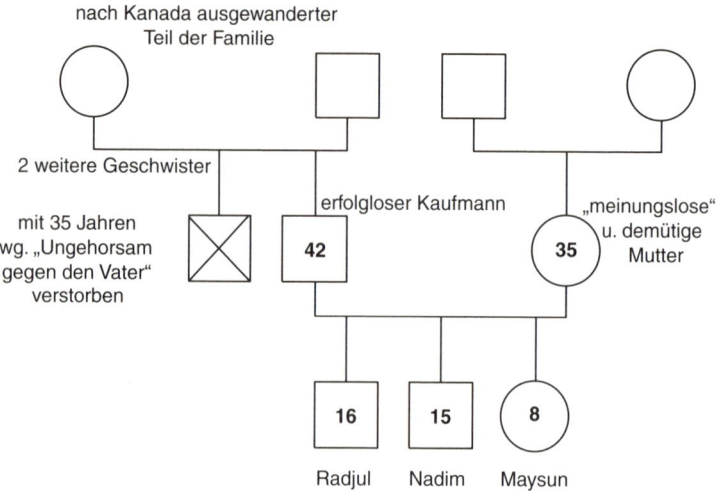

Genogramm der Familie T.

Der Vater zeigt sich tief enttäuscht darüber, dass Radjul immer wieder das Gebot der Gewaltlosigkeit verletzt, und sieht seine Heilung erst dadurch möglich, dass er sich endlich zur Friedfertigkeit um jeden Preis entscheidet. Der weitere Gesprächsverlauf verdeutlicht zudem eine familiendynamische Facette, die über die religiöse Motivation hinaus die Verpflichtung des Vaters auf unbedingte Friedfertigkeit erklärt: Herr T. berichtet vom frühen Tod seines Bruders, der 1982, erst 35 Jahre alt, an den Folgen eines Magengeschwürs verstorben war. Nach seiner Auffassung erkrankte sein Bruder tödlich, weil er seinem Vater den Gehorsam verweigerte und sich nicht an die Gebote der Achmedia-Religion gehalten hatte. Im Verlauf des Familiengespräches war dann zunehmend zu verzeichnen, dass nicht nur Nadim, sondern auch die Mutter, wenn auch sehr verhalten, dem Vater vorwirft, mit seiner betont friedfertigen Zurückhaltung die Durchsetzung der Existenzvoraussetzungen verhindert zu haben und weiterhin so zu verfahren. Statt seine Ansprüche geltend zu machen, „Ellenbogen zu benutzen", lese er den Koran und engagiere sich für die Belange der Achmedia-Bewegung. So sei die Familie immer noch von der Sozialhilfe abhängig und könne wegen fehlender Arbeitserlaubnis Arbeitsangebote nicht nutzen; somit rücke die gewünschte Weiterreise nach Kanada in die Ferne.

Im Zuge der Erörterung von „Überlebensstrategien", die auch die vom Vater als verbotene aggressive Durchsetzung umfasst, erhebt sich der bis dahin scheinbar vollkommen teilnahmslose Radjul von seinem Platz und wirkt dabei wie ein zur Verteidigung aufgerufener Angeklagter. Mit einem Tränenausbruch wendet er sich dem Therapeuten zu und bedankt sich: Nun fühle er sich endlich verstanden. Das Gespräch wird mit der Bitte an den Vater beendet, seinem Sohn wütende Gefühle zu erlauben und zwischenzeitlich zu klären, nach welchen Lebensregeln sein Radjul lebt.

Bereits beim folgenden Familiengespräch nach sechs Wochen begegnen wir einem gleichsam aufgewachten Jugendlichen, der mit affektiver Differenzierung zu weiterer Lebensplanung in der Lage scheint. Im Verlauf der weiteren therapeutischen Begleitung über zwei Jahre verliert Radjul seine Missionierungstendenzen und aggressiven Durchbrüche. Die Arbeit mit den Eltern ist allerdings nicht geeignet, das bedrückende Elend der nach Deutschland verpflanzten Familie grundsätzlich zu ändern. Zwar macht sich der Vater auf, um zum Familieneinkommen beizutragen, und befasst sich auch mit seiner eigenen Aggressionshemmung; aber die Eltern müssen sich schließlich eingestehen, dass sie ihre schon lange bestehende Partnerschaftskrise niemals bewältigen werden. Radjul träumt unrealistisch von einer Künstlerkarriere, mit der er als berühmt gewordener Sänger nicht nur dem familiären Elend entkommen kann, sondern auch seinen Eltern „das viele Geld" zur Verfügung stellen könnte, das endlich den Weg nach Kanada ebnen würde.

Kommentar

IP-Symptomatik:
Manisch-depressives Syndrom.

Systemische Hypothese:
Radjul in der Zwickmühle zwischen Delegation zur sozialen Durchsetzung und Aufforderung zum Gehorsam. Er fantasiert sich als „Popstar", um mit dem ersehnten Erfolg die Familie zu retten.

Elternebene:
Die vordergründig demütige und meinungslose Mutter macht dem Vater seinen religiös veranlassten Verzicht auf jede Aggression zum Vorwurf. Der innerfamiliär mit aggressiven Ausbrüchen agierende Vater engagiert sich mehr für die religiöse Gruppe der Achmedia-Bewegung, statt für das soziale und materielle Wohl seiner Familie zu sorgen. Die Eltern beklagen zudem ihre unglücklich gebliebene Ehe, in der sie sich durch den Beschluss der jeweiligen Eltern verhaftet fühlen.

Dreigenerationenperspektive:
Laut Familienroman ist ein Bruder des Vaters am wütenden Ungehorsam gegen den Großvater zugrunde gegangen. Die ebenfalls aus religiösen Gründen aus Pakistan geflohenen und jetzt in Kanada ansässigen Großeltern erwarten den Einsatz des Vaters für die religiöse Sache, weniger den für die Familie.

Interventionen:
→ *Kind:* Erlaubnis zur Wut durch den Vater, der nach Anerkennung der Notwendigkeit seiner eigenen aggressiven Impulse eine Beschäftigung annimmt.

Die Familie T. erscheint mehrfach in Doppelbindungen verstrickt, die zu einer chronischen Existenzbedrohung geführt haben und diese aufrechterhalten. Die religiös vermittelte und radikal umgesetzte Aggressionslosigkeit hat den Konkurs des väterlichen Unternehmens in Pakistan verursacht: Der Vater sah sich nicht dazu in der Lage, Außenstände bei seinen säumigen Kunden einzutreiben. Dazu religiös in Pakistan ausgegrenzt, verlässt die Familie ihre Heimat: Ein

Teil wandert nach Kanada aus, die Familie T. kommt nach Heidelberg, einem europäischen Zentrum der Achmedia-Bewegung. Der Vater empfindet ein religiöses Sendungsbewusstsein, das ihm mehr gilt, als die Alltagsbedürfnisse seiner Familie zu erfüllen. Die ihm hier als Asylbewerber begegnenden Widrigkeiten erinnern ihn an die Ausgrenzungserfahrung in seiner Heimat. Er fühlt einerseits die Notwendigkeit, sich durchzusetzen: gegen die Unterbringung in einer Notwohnung, für die Einbürgerung und eine Arbeitserlaubnis, andererseits erlebt er sich als auf strengste Aggressionslosigkeit verpflichtet, um damit den innerfamiliären und religiösen Geboten zu genügen. Den Kindern wurde der frühe Tod des Onkels als Folge von Ungehorsam gegen den Vater dargestellt. Zudem erlaubt der Vater sich nicht, dem Ruf seiner Herkunftsfamilie nach Kanada zu folgen, da er sich u. a. darauf verpflichtet hat, hier den Anliegen der Achmedia-Bewegung zu dienen.

Der jüngere Sohn Nadim kommt als „ordentlicher Teil der Brüder" mit großer Disziplin und trotz großer Beengung in der Notwohnung den Anforderungen der Schule nach und nimmt dazu noch Minimalbeschäftigungen an, um zum Familienunterhalt beizutragen. Radjul erscheint einerseits in stiller Loyalität mit dem Vater verbunden, indem er seine Mitschüler religiös zu bekehren sucht. Andererseits hält er sich aber nicht an das Aggressionsverbot, wenn er sich in der Schule als „aggressiver Missionar" darstellt, der wegen Körperverletzung an Mitschülern schließlich der Schule verwiesen wird. Er kann als Delegierter der Mutter dem Vater aufzeigen, dass es der Familie mit Güte und Milde allein nicht gelingen wird, zu einer passenden Wohnung zu kommen; zeigt er aber seine Wutkompetenz, verliert er die Zuneigung des Vaters, den er jedoch andererseits mittels extrem lauter Musik massiv zu provozieren sucht und dem er verdeutlicht, dass er zu Aggressionen durchaus in der Lage ist, wenn er z. B. das Radio der Familie zerstört.

Schließlich bleibt Radjul die Flucht in manische Größenfantasien: Ausgeschlossen aus der Schule, plant er ohne jede Selbstkontrolle eine Karriere als Popstar. In der lauten Kunstszene ist Wirkung auf andere erlaubt; zudem könnte er mit dem gewünschten Erfolg der Retter der Familie werden. Das erste Familiegespräch wirkt wie eine Gerichtsverhandlung: Radjul scheint wegen „verbotener aggressiver Empfindungen" angeklagt und kann im Sitzungsverlauf exkulpiert werden. Er fühlt sich aber vom Therapeuten verstanden und normalisiert schlagartig sein psychotisches Verhalten. Nach Wiederaufnahme des Schulbesuchs scheint er wenigstens für eine Zeit lang zu realistischeren Planungen in der Lage. Der Vater nimmt eine Beschäftigung an und erreicht den Familienumzug in eine passendere Wohnung. Radjul wird von Zeit zu Zeit von seinen schizoaffektiven Tendenzen überwältigt, namentlich, wenn er die noch notwenige medikamentöse Unterstützung auslässt, und sucht immer wieder sein Heil in den Fantasien über eine Musikkarriere.

Karl
Karl, 19 Jahre, entlässt seine Eltern in ihre eigene Verantwortlichkeit und gewinnt seine eigene Zukunft.
Karl C. war im Frühsommer vor seinem Abitur in eine bedrohliche Verfassung geraten: Zuvor stets fröhlich, zuvorkommend und anderen Menschen zugewandt, verfiel er in eine düstere, von der Umgebung depressiv genannte Stimmung, quälte sich mit Suizidabsichten und war von ihn irritierenden Veränderungsgefühlen perturbiert. Die Welt erschien ihm unwirklich, sein Körper fühlte sich für ihn entfremdet an, namentlich sein Gefühl in den Händen erschien ihm unbeschreibbar verändert. Er konnte nur noch schwer in den Schlaf finden oder wachte zu früh und übermüdet auf. Gewöhnt an beste Schulleistungen, machte er sich außerordentlich gewissensbetont schwere Vorwürfe wegen seiner nur noch eingeschränkten Lernfähigkeit und auch wegen vorausgegangener einzelner Experimente mit Haschisch. Trotz intensiver ärztlicher Bemühungen verschlimmerte sich seine Verfassung bedrohlich. Er wurde vom Schulbesuch freigestellt, das Abitur auf das folgende Jahr verschoben.

Nach einem wenige Wochen dauernden Aufenthalt in einer psychosomatischen Klinik konnte er, stabilisiert mit einer geringfügig dosierten antidepressiven Medikation, entlassen werden und suchte vom Herbst an die Praxis auf, von der er sich Hilfe erwartete, weil er von der dort praktizierten Familienorientierung gehört hatte. Zu Beginn der Beratung bestanden alle eingangs geschilderten Schwierigkeiten in abgemilderter Form fort. Karl äußerte seine Befürchtung, die ihm von anderer Stelle bestätigten Derealisationen nicht mehr loswerden und folglich weder seine Schulkarriere noch das beabsichtigte Studium bewältigen zu können.

Karl ist das zweite Kind aus der ersten Ehe seiner Eltern, die sich 1985 trennten, als Karl drei Jahre alt war. Karl blieb mit seiner Mutter am bisherigen Familienwohnort, während sein älterer Bruder Maximilian mit dem Vater in eine entfernte Großstadt zog. Beide Eltern verheirateten sich erneut: In der Familie der Mutter wurde der nun acht Jahre alte Gerald geboren, in der des Vaters die einjährige Eva. Der Vater hält trotz großer Entfernung aufmerksamen Kontakt zu Karl, der seinerseits regelmäßig den Vater besucht. Maximilian, 22 Jahre alt, hat kürzlich eine eigene Wohnung bezogen, in der sich Karl anlässlich der Besuche am Wohnort des Vaters gerne aufhält.

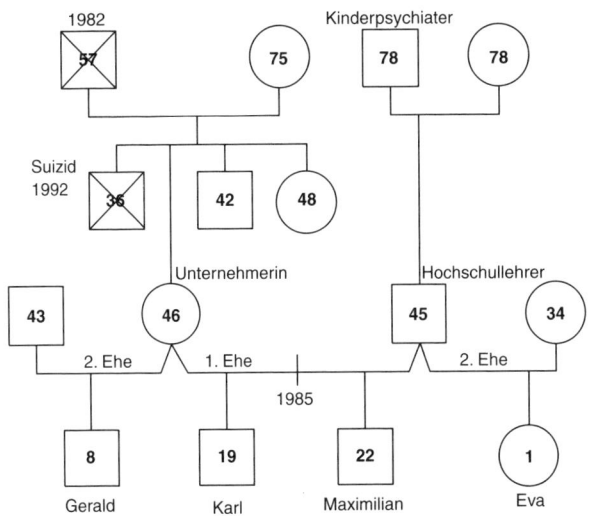

Genogramm Familie C.

Die nun folgende therapeutische Begleitung des jungen Mannes mit anfänglich ein bis zwei Sitzungen je Monat erstreckt sich über zwei Jahre. Karl nimmt den Schulbesuch in der 13. Klasse wieder auf und kann zu seiner Freude dort gut mitarbeiten. An seinen jeweiligen Anliegen orientiert, werden parallel das jeweils aktuelle Geschehen und die familiären Prozesse besprochen.

In wenigen Gesprächen mit den getrennten Eltern, an denen Karl nicht teilnehmen möchte, lässt sich die Familienentwicklung aus der jeweiligen Sicht nachzeichnen. Nach der Trennung hatten die Eltern vereinbart, Karl in zweijährigem Turnus wechselnd zu betreuen. Karl blieb jedoch durchgehend bei der Mutter. Der Vater scheint weiterhin von mehrfachen Gewissensnöten gequält: Zum einen erhebt er Vorwürfe gegen die Mutter, da die sich aus seiner Sicht nach wie vor nicht eigne, Karl angemessen zu betreuen, zum anderen klagt er sich an, für seinen Sohn nach der Trennung nicht ausreichend gesorgt zu haben. Die Mutter zeigt sich weniger sorgenvoll und vertritt dagegen die Auffassung, dass die kontinuierliche Fürsorge für ihn am jetzigen Wohnort die bessere Lösung gewesen sei.

Karl lässt erkennen, dass er seine Mutter als die verlassene Frau erlebt, während er dem Bedürfnis seines Vaters, auch nach der Trennung für ihn zu sorgen, entgegenkommen möchte. Der konfliktgeprägte Umgang mit beiden familiären Wirklichkeiten – eine vollständige Familie mit der Mutter, eine weitere vollständige Familie am Wohnort des Vaters – wird für Karl zunehmend schwerer, als er sich in der Nähe des Abiturs auch mit seiner Zukunftsplanung konfrontiert sieht: Wohin nach dem Schulabschluss?

Angesprochen auf die früheren Suizidabsichten, benennt Karl sein damaliges Problem: nämlich die quälenden Ambivalenzen nicht mehr ertragen zu können und diesen endlich entkommen zu wollen. Zwar nach der klinischen Intervention stabilisiert, erlebt er das bisweilen auftretende Gefühl der Unwirklichkeit der Welt und des Fremden in seinen Händen als Restausdruck dieser Ambivalenz. Karl nähert sich in Erinnerung an die Ereignisse des vorausgegangenen Jahres mit erheblichen Bedenken den Abiturprüfungen, die er dann aber doch mit bestem Ergebnis bewältigt. Nun sieht er sich zwar den widerstreitenden Empfehlungen bezüglich der Wahl von Studienfach und -ort ausgesetzt, hat jedoch eine mittlerweile gut gewachsene Selbstsicherheit gewonnen, die ihm die Freiheit gibt, seine eigenen Entscheidungen zu finden und ihnen zu folgen.

Während des folgenden Ersatzdienstes kann er weiterhin prüfen, ob seine Mutter, die sich nun zur Adoption eines weiteren Kindes entschlossen hat, auch ohne ihn gut zurechtkommt. Der Vater macht sich angesichts der erkennbaren Stabilisierung seines Sohnes nun weniger Sorgen und ermöglicht Karl damit, ihm zu ihrer beider Gewissensentlastung weniger nachdrücklich zeigen zu müssen, dass es ihm gut geht. Ein weiteres Jahr nach Beendigung der zweijährigen umfassenden Therapie zeigt sich Karl weiterhin stabil in seiner Wirklichkeit und in seinem Studium erfolgreich.

Kommentar

IP–Symptomatik:
Depressives Zustandsbild mit psychotischen Derealisationserscheinungen.

Systemische Hypothese:
Am Ende der Adoleszenz scheitert Karl schließlich mit seiner über Jahre durchgehaltenen Bemühung, auch nach der Trennung seiner Eltern beiden als Kind gleichermaßen zur Verfügung zu stehen und so für ihr Wohlergehen zu sorgen.

Elternebene:
Der Vater hat gegen seine beste Überzeugung einen seiner beiden Söhne bei der Mutter gelassen. Er fühlt sich deshalb seit Jahren schuldig und wünscht sich, dass der Sohn unbedingt die Entscheidung fällt, nach dem Abitur zu ihm zu ziehen und keinesfalls Medizin zu studieren. Er fürchtet, dass Karl, wenn er sich überfordert, ebenso Suizid begehen wird wie der Bruder seiner geschiedenen Frau.

Interventionen:
→ Karl erarbeitet sich die Versicherung in Bezug darauf, dass er seine eigenen Entscheidungen fällen darf und damit den Eltern in keiner Weise schadet.
→ Dem Vater muss versichert werden, dass sein Sohn einen guten Weg genommen hat, obwohl er bei der Mutter aufwuchs.

Beide Eltern hatten nach der Trennung ihrerseits zweite Familien gegründet und sich die Erziehungsaufgaben geteilt: Der ältere Sohn blieb beim Vater, Karl bei der Mutter.

Der Vater fürchtete dabei um Karls gute Entwicklung, da er große Vorbehalte gegen die Erziehungsfähigkeit der Mutter hegte. Karl bemühte sich um regelmäßige Besuche beim Vater, einerseits um ihm zu demonstrieren, dass seine Mutter keineswegs versagt, andererseits um die Befürchtungen des Vaters zu zerstreuen, er hätte eigentlich nicht nur den älteren Bruder Maximilian bei sich aufnehmen, sondern sich auch um ihn kümmern müssen.

Vor dem Abitur kommt Karl aus dem Gleichgewicht: Er spürt seine Autonomieansprüche, weiß aber nicht, wie er sie nach dem

Schulabschluss mit den Ansprüchen beider Eltern, die seiner Meinung nach nicht ohne die stete Demonstration seines Wohlbefindens auskommen können, in Verbindung bringen soll. Dieses Missgefühl veranlasst ihn zum Haschischkonsum, der u. U. daran mitbeteiligt ist, dass er als zuvor brillanter Schüler eine Versagensangst entwickelt und psychotisch dekompensiert. Er verpasst die Abiturprüfungen und kommt nach einer kurzen klinischen Behandlungsepisode, aus der er mit antidepressiver Medikation entlassen wird, in die Therapie. Im Vordergrund seiner Klagen steht das diffuse Gefühl, alles sei irgendwie unwirklich, und er spürt eine für ihn nicht klar beschreibbare Missempfindung in den Händen.

Nach eingangs anstrengenden Dialogen über „Wirklichkeit" wird ihm klar, in welchem Maße er sich für das Wohl beider Eltern verantwortlich fühlt. Entsprechend werden beide Eltern zu Gesprächen eingeladen, in deren Verlauf der Therapeut sich davon überzeugen kann, dass beide jeder für sich gut im Leben steht und keinesfalls hilfebedürftig ist. Sie erhalten den Auftrag, Karl ihre Kräftigkeit zu verdeutlichen. Karl oszilliert noch eine kurze Zeit in der Diskussion mit sich selbst, ob er sich dem Vater oder der Mutter gegenüber illoyal verhalten würde, wenn er nun zuerst auf seine innere Stimme hören und seine Studienpläne entsprechend einrichten würde. Dabei schwindet sein Gefühl des Irrealen, und er verliert allmählich seine Missempfindungen in den Händen, erlebt sich zunehmend als handlungsfähig.

Beruhigt über die gute Verfassung seiner beiden Eltern, bewältigt er mit besten Beurteilungen seine Abiturprüfungen und trifft die Entscheidung, Arzt zu werden. Angesichts der guten Entwicklung des Sohnes verliert der Vater seine Befürchtung, Karl könnte wie sein Onkel Suizid begehen.

5.7 Seelische Entwicklung nach Einsatz einer Reproduktionstechnologie

Bei unerfülltem Kinderwunsch und Infertilität des Mannes können Paare seit ca. 100 Jahren mittels Samenspende (heterologer Insemination) zur Elternschaft gelangen (Brewaeys 1996). Parallel zu den Erfolgen reproduktiver Technologien wurden Fragen nach deren psychischer Bedeutung für die auf diesem Wege entstandenen Familien und die psychosoziale Entwicklung der Kinder aufgeworfen und untersucht (Golombok et al. 1993, 1995, 1996; Golombok 1998). Die vorliegenden kontrollierten Studien liefern vergleichende statistische Analysen verschiedener Familientypen (nach In-vitro-Fertilisation oder heterologer Insemination). Im Querschnitt waren von Bindung und Wärme gekennzeichnete Eltern-Kind-Beziehungen und unauffällige Entwicklungen der untersuchten drei- bis achtjährigen Kinder zu verzeichnen. Die Untersucher beklagen den Mangel an Studien der seelischen Entwicklung der Kinder im Zeitverlauf bis zur Adoleszenz, zumal sich zeigte, dass die Eltern ihre mittels Samenspende empfangenen Kinder in der Regel nicht über deren genetische Herkunft informieren und das auch nicht beabsichtigen. Brewaeys (1998) fordert Langzeitstudien als Grundlage fundierter psychologischer Begleitung dieser Familien und Kinder. Kinder, die in Deutschland nach Einsatz reproduktiver Techniken geboren werden, können in wissenschaftliche Untersuchungen der Konsequenzen von DI (*donor insemination*) und IVF (In-vitro-Fertilisation) nicht einbezogen werden, da sie bisher u. a. zur Vermeidung des Haftungsrisikos auf der Seite der Samenspender formaljuristisch nicht existieren. Daher wurden *Assisted-reproduction*-Familien aus Deutschland nicht in die zitierte multizentrische Studie (Golombok et al. 1996) mit aufgenommen. Die heterologe Insemination führt zu einem Familiensystem mit einem „unsichtbaren" Vater. Wird das Kind nicht frühzeitig über seine biologische Herkunft vollkommen aufgeklärt, vermindern sich die ihm rechtlich zugestandenen Chancen, vom 18. Lebensjahr an den Vater kennen zu lernen. Ohnehin sind die medizinischen Institutionen lediglich verpflichtet, die betreffenden Daten über zehn Jahre aufzuheben.

Der folgende Fallbericht verdeutlicht die komplex verzerrte innerfamiliäre Kommunikation in einer DI-Familie und deren Wirkung auf die kindliche und familiäre Entwicklung.

Christiane

Christiane, acht Jahre: „Ihr müsst mir nun aber doch einmal sagen, wer eigentlich mein Vater ist!"
Frau M. ergänzt in Abwesenheit ihrer achtjährigen Tochter besorgt ihre zuvor schon telefonisch übermittelten Angaben: Neuerdings finde Christiane am Abend nur unter größten Schwierigkeiten in den Schlaf und verlange die Anwesenheit der Eltern beim Einschlafen und komme nachts wieder in das Bett der Mutter. Christiane habe

sich für verschiedene Handlungsabläufe ein Zeitlimit gesetzt, bei dessen Nichteinhaltung sie mit „schlimmen Folgen" rechne. Sie klage über Angst vor Einsamkeit und Tod, habe auch von Todeswünschen gesprochen. Seit kurzer Zeit befasse sie sich mit den Grundlagen von Zeugung und Geburt, speziell mit den Befruchtungsmodalitäten bei Tieren und Pflanzen. Zwischen den Eltern sei es mittlerweile zu erheblichen Spannungen gekommen, da diese, solchermaßen in Anspruch genommen, kaum noch Zeit füreinander hätten. Christiane sei ihr einziges Kind. Schwangerschaft, Geburt und frühkindliche Entwicklung seien bei Abwesenheit ernster Erkrankungen gänzlich unproblematisch verlaufen. Als gute Schülerin imponiere sie in der dritten Klasse wegen ihres aufmerksamen Sozialverhaltens, während sie sich zu Hause seit dem Trotzalter nur mit Schwierigkeiten an Grenzen und Regeln halte.

Herr M., in verantwortlicher Stellung in einem technischen Unternehmen, sei mit ihr in zweiter Ehe verheiratet. Seine erste Ehe sei kinderlos geblieben. Er habe drei Geschwister. Sie selbst sei in der eigenen Geschwisterreihe von sechs Kindern die Jüngste. Ihre Mutter sei vor 22 Jahren bei einem Unfall ums Leben gekommen. Sie selbst sei gesund, sei aber nach einer Fehlgeburt wegen eines Uterus myomatosus hysterektomiert worden.

Die Eltern wünschten zunächst eine Beratung ohne die Einbeziehung ihrer Tochter. Keinesfalls sollten kinderpsychiatrische oder psychodiagnostische Untersuchungen zum Einsatz gelangen. Nach einem Monat gestatteten sie uns dann doch, Christiane kennen zu lernen und sie auch im Verlauf von nur zwei Kontakten mit testpsychologische Verfahren zu untersuchen. Christiane verweigerte danach weitere Besuche in unserer Sprechstunde. Die Eltern baten eingangs um pädagogische Strategien, mittels deren das ängstliche und zwanghafte Verhalten ihrer Tochter zu überwinden wäre. Wir versuchten, das kontrollierende Verhalten des Mädchens unter familiendynamischen Gesichtspunkten zu verstehen und dazu passende Interventionen zu geben. Die Partnerschaft der Eltern imponierte uns als stabil, auch wenn die Mutter bisweilen ihren Mann anklagte, als Vater gegenüber seiner Tochter zu wenig einfühlsam zu sein.

Unsere Interventionen zielten auf die Steigerung von Christianes Sicherheitsgefühl und die Ermutigung der Eltern, auf notwendigen und verständlichen Grenzen und Regeln zu bestehen. Je mehr die Eltern sich bemühten, sich nicht mehr komplementär zu den Forderungen ihrer Tochter zu verhalten, desto mehr strengte diese sich an, keinesfalls von ihrem Verhaltensmuster abzulassen. Schließlich stimmten die Eltern zu, Christiane unmittelbar mit einzubeziehen.

Sie erwies sich als sehr wachsames, gut begabtes Kind, unbefangen und entschieden im Kontakt, bisweilen ein wenig kleinkindhaft, aber überwiegend an Dominanz und Kontrolle über die Situation interessiert. Angesprochen auf den hiesigen Vorstellungsanlass, berichtete sie von nicht näher erläuterbaren Ängsten. Keinesfalls wolle und könne sie ihre Problemlösungen verändern.

Die Testaufgaben erledigte sie mit Perfektion und Selbstkritik. Ihre testpsychologischen Gestaltungen von Mensch und Baum lieferten keine weiteren Hinweise auf ihre seelische Verfassung oder Konflikte. Ihre Zeichnung zur Aufgabe „Verzauberte Familie" (schematisiert wiedergegeben) verwunderte und wurde uns erst verständlich, nachdem wir erfahren hatten, dass Christiane mithilfe einer heterologen Insemination (DI) gezeugt worden war.

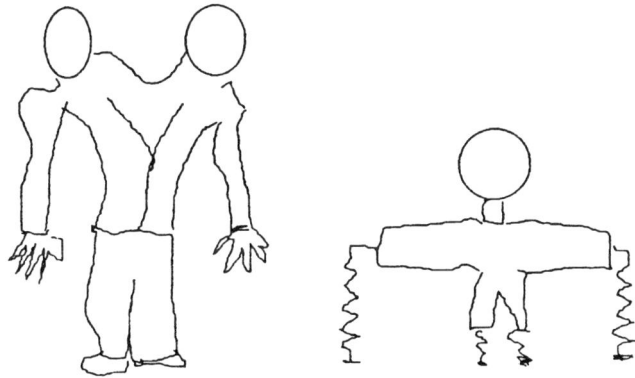

„Verzauberte Familie" („Enchanted Family"; nach Bonney 2002, S. 204)

Sie kommentierte, der Zauberer habe die Eltern „zusammengezaubert", bei dem Kind seien die „Feder-Arme und Feder-Beine" beim Zaubern verwechselt worden.

Zu vorgelegten TAT-Tafeln assoziierte Christiane folgende Themenbereiche:

Verlust der Eltern und materieller Sicherheit, mangelnder Kontakt zwischen Mutter und Kind, Trennungsabsichten des Ehemannes, tödliche Bedrohung eines Mannes, Enttäuschung einer Frau, die

Kinder vermisst, tödliche Bedrohung eines kleinen Wesens und „Sieben Tintenspritzer" auf der leeren Tafel 16. Nach der diagnostischen Episode (zwei Sitzungen) lehnte sie jeden weiteren Kontakt ab.

Die Mutter berichtete nun von ihren eigenen Ängsten, die seit Jahren erheblichen Einfluss auf das Familienleben nähmen. Kurz nach der Geburt fühlte sie sich von einem wiederholten Angsttraum gequält: Ein Unbekannter dringe in ihr Haus ein, um die Tochter zu stehlen. Der Trauminhalt sei dann bald auch im Wachleben zwanghaft manifest geworden, sodass sie auch am Tage einen Einbrecher fürchte, der Christiane rauben wolle. Deshalb könne sie seit Jahren nicht länger allein im Hause bleiben und sei z. B. darauf angewiesen, ihren Mann auf Dienstreisen zu begleiten. Schließlich teilt sie das bisher vor jedermann streng bewahrte Geheimnis mit: Nach gesicherter Sterilität ihres Mannes entschlossen sie sich zur DI. Nach der Geburt der Tochter folgte mit Wunsch nach einem zweiten Kind eine weitere heterologe Insemination, die eine Fehlgeburt zur Folge hatte. Später wurde, wie eingangs erwähnt, die Hysterektomie notwendig.

Mit diesen Ergänzungen stellt sich das Genogramm der Familie wie folgt dar:

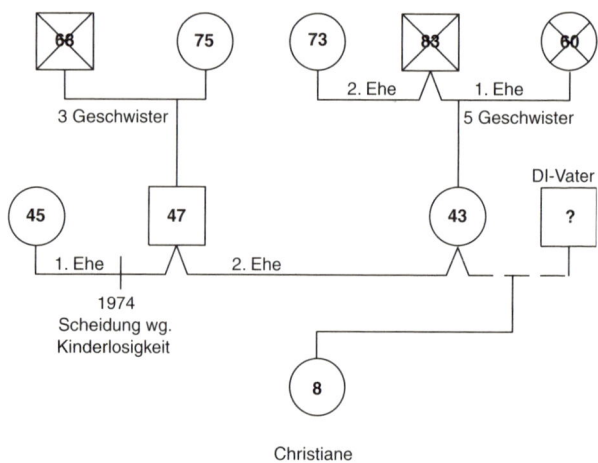

Genogramm Familie M.

Im weiteren Beratungsverlauf wurde den Eltern bewusst, dass sie das Inkognito des Samenspenders kaum zu ertragen in der Lage sind. Vielmehr bemühten sie sich, mit fortschreitender Entwicklung ihrer Tochter in ihrem körperlichen Ausdruck und in ihren Verhaltensweisen Züge zu entdecken, die sie dem Samenspender zuordnen könnten, um auf diese Weise doch noch zu einem Bild dieses Mannes zu gelangen. In der Erwartung einer sichtbaren Wirkung der fremden genetischen Ausstattung versuchen sie, Persönlichkeitsmerkmale und Handlungsweisen danach zu differenzieren, ob sie ihre Quelle in der mütterlichen Familie haben könnten oder ob sie als dort bisher unbekannt einzuschätzen und daher dem Samenspender zuzuordnen wären. Auf diese Weise räumen sie dem „unsichtbaren Vater" eine permanente geistige Präsenz in der Familie ein: Mit bis dahin kaum zu kalkulierender Wirkung „steckt" er gleichsam in der Tochter und ist für die Eltern – ob scheinbar oder wirklich – zu sehen, zu bemerken und zu identifizieren, wenn Christiane „ihn äußert".

Die Dynamik der innerfamiliären Kommunikation zwischen Eltern und Tochter wird durch die unsichtbare „Anwesenheit" eines allen unbekannten Vierten modifiziert. Dabei kann die Tochter, solange ihr die biologischen Grundlagen ihrer Existenz verborgen bleiben, nicht wissen, welche zusätzlichen „Botschaften" ihre Eltern erwarten, wenn sie die Lebensäußerungen ihres Kindes wahrnehmen und darin u. U. auch eine Emergenz des Samenspenders zu erfahren suchen. Diese mehrschichtige Geheimnisstruktur ist dazu geeignet, das Verhalten des Kindes zu mystifizieren, und stört die Eindeutigkeit der Kommunikation. Sie beeinträchtigt zumindest das Gefühl von Sicherheit und kann das gesteigerte Kontrollbedürfnis erklären, das zunächst bei der Mutter irrationale Ängste und dann bei der Tochter eine Zwangsstörung hervorrief. Die Angst- und Zwangssymptomatik der Tochter sistierte unmittelbar, nachdem sie durch die Eltern über die biologischen Voraussetzungen ihrer Existenz informiert worden war. Gleichsam „ans Tageslicht geholt", verlor der natürlich weiterhin unsichtbare Vater seine prägende Auswirkung auf die Gestaltung der innerfamiliären Kommunikation.

Vier Jahre später stellte sich die Familie erneut vor, da Christiane ein anderes, jetzt auf ihre körperliche Gesundheit bezogenes Muster von Zwangsvorstellungen entwickelt hatte. Die Beratungsarbeit wurde in zweizügiger Form als Familien- und Einzeltherapie fortgesetzt. Christiane hat sich im Grunde bestens entwickelt, besucht erfolgreich das Gymnasium und hat gute Kontakte zu gleichaltrigen Kindern. Neuerdings klagt sie über Angst vor körperlichen Gebrechen: davor, Zähne zu verlieren, vor Blutkrebs, „Herzverkrampfungen" und anderen gefährlichen oder entstellenden Leiden.

Im Rahmen der Gestaltungsarbeit setzt sie sich mit ihren „beiden" Vätern auseinander: Während sie den sozialen Familienvater anklagt, kein „richtiger" Vater zu sein (zu wenig anwesend, kaum gemeinsame Unternehmungen mit ihm, „blöd und albern zum Schämen"), stellt sie den Samenspender mit in die Reihe der Eltern und betont, sich „zu 50 % als Kind von diesem Vater" zu erleben. In einer Familienskulptur stellt sie ihn dann zwar an den Rand, sichert aber die direkte Blickverbindung zu ihm.

Im Beratungsverlauf wird zunehmend deutlich, wie sehr sie sich mit den vom Zeugungsvater übertragenen Erbinformation befasst. Sie befürchtet, krank machendes Erbgut bekommen zu haben. Sie weiß nicht, wie sie sich dessen versichern soll, was ihr der Zeugungsvater mitgegeben hat.

In der Arbeit mit den Eltern ermutigen wir den Vater, mit aller Energie und Entschlossenheit seine soziale Vateridentität zu leben und sich nicht gegenüber der biologischen Kompetenz des Zeugungsvaters benachteiligt zu sehen. Nochmals appellieren wir an seine Bereitschaft, sich auch dem (jetzt pubertär gefärbten) Abgrenzungskampf zu stellen. Diese Intervention richtet sich genauso an die Mutter, die nach wie vor gegen ihren Mann einen stillen Groll wegen seiner Sterilität und seiner emotionalen Reserviertheit hegt. Nach sechs Monaten intensiver Einzeltherapie mit begleitender Anleitung der Eltern klingt diese Episode von in verschiedenen Zwangsritualen gebundenen Körperängsten ab. Christiane sucht von Zeit zu Zeit immer wieder Rückhalt in seltenen Kontakten mit ihrer Therapeutin. Sie bereitet sich darauf vor, den Zeugungsvater nach ihrem 18. Geburtstag zu finden und aufzusuchen, soweit die juristischen Möglichkeiten das zulassen. Der Vater hat sich selbst in Beratung begeben, um mit seiner Persönlichkeit und seinem Schicksal in Einklang zu kommen.

Kommentar

IP-Symptomatik:
Zwangshandlungen und nach Information über die Samenspende Ängste bezüglich der Unversehrtheit des eigenen Körpers.

Systemische Hypothese:
Das „unsichtbare" Familienmitglied beteiligt sich an der Gestaltung des innerfamiliären kommunikativen Musters: Informiert,

kann sich Christiane in der Pubertät nicht von ängstlichen Vorstellungen von der biologischen Wirkung des Spenders freimachen.

Elternebene:
Die Mutter relativiert die Bedeutung des Vaters in der Familie und fördert damit dessen Selbstentwertung. Die „wissenden" Eltern suchen in der nicht informierten und verunsicherten Christiane den „anwesenden und unsichtbaren Dritten" zu erkennen und kreieren damit ein pathogenes Kommunikationsmuster.

Dreigenerationenperspektive:
Die biologische Elternlosigkeit des Vaters erschwert ihm die Entwicklung seiner sozialen Vaterschaft.

Interventionen:
→ *Kind und Eltern:* Auflösung des Geheimnisses.
→ *Vater:* Ermutigung zum Ergreifen der sozialen Elternschaft.

Die DI-Konstellation ist angesichts der Haltung der Eltern, ihr Kind über seinen Ursprung nicht vollständig zu informieren, nicht nur ein Bespiel für die machtvolle Wirkung von Geheimnissen auf das familiäre Geschehen und die Verfassung der Mitglieder, sondern belegt exemplarisch, wie unsichtbare Familienmitglieder das kommunikative Muster prägen können (Bonney 2002). Wenn Eltern bei unerfülltem Kinderwunsch eine der älteren oder neueren Reproduktionstechnologien in Anspruch nehmen möchten, müssen sowohl sie selbst als auch die medizinischen Operatoren sich dessen bewusst sein, dass mit dem biologischen Erfolg der Maßnahme ein System geschaffen wird, das im Fall von DI ein unsichtbares Mitglied umfasst. Der DI-Vater bedeutet über die Samenspende hinaus eine soziale Wirklichkeit, die zunächst von den Eltern und dann auch von dem informierten Kind erfasst wird. Die beschriebene und übliche Geheimhaltung kann ein pathogenes Kommunikationsmuster hervorrufen, das sowohl für das Kind als auch für die Eltern bedeutsam ist. Die beobachtete Verunsicherung des Kindes ist u. a. Resultat der für die Eltern unbezähmbaren Neugier, in den Äußerungen des Kindes Charakteristika des Samenspenders zu erkennen. Das Kind ist nicht dazu in der Lage, die verschiedenen Kodierungen nachzuvollziehen, die die Eltern vornehmen, je nachdem, ob sie dessen beobachtete Verhaltenselemente der biologischen Mutter, dem sozialen Vater oder dem Samenspender glauben zuordnen zu können. So entwickelt das Kind zunächst ein zwanghaftes Kontrollverhalten, das sofort nach erfolgter Information sistiert: Der Samenspender behält zwar noch sein Inkognito, wird aber eine benannte Größe, über die jetzt offen kommuniziert werden kann. Im Entwicklungsverlauf muss sich das Kind, einhergehend mit seinem erwachenden Körperbewusstsein, weiter mit dem ihr unbekannt bleibenden, sie gezeugt habenden Mann auseinander setzen.

Das Fallbeispiel weist zudem darauf hin, welche familienbezogenen psychohygienischen Maßnahmen von beiden Eltern zu beachten sind: Der Vater gewinnt erst an Selbstbewusstsein, als er sich ganz und gar erlaubt, die soziale Vaterschaft zu erfüllen. Die Mutter hat wachsam mit ihrer Bewertung ihres Mannes umzugehen, dem sie im Stillen vorwirft, dass sie wegen seiner Infertilität intensive medizinische Maßnahmen über sich ergehen lassen musste.

6 Behandlungsleitlinien

Es war ein Anliegen dieses Buches, die mitgeteilten Fallgeschichten von Therapeuten verschiedener theoretischer Orientierungen kommentieren zu lassen. Gebeten war um psychoanalytische und behavioristische Hypothesen darüber, welchen Störungsbildern/seelischen Erkrankungen/Konflikten/Problemlagen in Deutung der unterschiedlichen Konzeptionen zu begegnen wäre und welche Zugangswege im Unterschied zu dem dargestellten Vorgehen aus der jeweiligen Sicht sinnvoll und aussichtsreich wären. Die angefragten ausgewiesenen Vertreter der Tiefenpsychologie und der Verhaltenstherapie sahen sich zu den erbetenen Kommentaren nicht in der Lage: Beide beklagten ein Defizit an notwendigen Informationen und empfanden die beschriebenen Wandlungen als nicht nachvollziehbar oder spektakulär. Diese solchermaßen kurzen Fachkommentare werfen die Frage auf, welchen Wert diese Darstellungen für den Leser haben mögen, der nach verschiedenen systematisierten psychotherapeutischen Ausbildungen und eigenen Erfahrungen zu diesem Buch greift. Um erweiterte Orientierung über die familienbezogene Arbeit mit Kindern und Jugendlichen zu gewinnen, mag er sich nun beim Studium dieser Therapieberichte nach Behandlungsleitlinien fragen, deren Beachtung für ihn einen Zuwachs an therapeutischer Kompetenz bedeutet.

6.1 Erstinterview

In der Praxis mit mehr als 3500 Familien seit nunmehr fast 20 Jahren hat es sich bewährt, vor der ersten persönlichen Begegnung mit der ganzen Familie oder mit ganzen Subsystemen in Schriftform um folgende Informationen zu bitten:

1. Um wen sorgt sich die Familie?
2. Welche Tatsachen/Verhaltensweisen geben Anlass zur Sorge?
3. Besteht akute Gefahr?
4. Welche Änderungen sollen mithilfe der jetzt erbetenen Beratung erreicht werden?
5. Wer soll mit einbezogen werden?

Die *erste Frage* zielt zum einen darauf, ganz gleich, welchen Ausgangspunkt die Familie hatte (etwa: geängstigt oder wütend und defizitorientiert von Krankheiten, Störungen, Symptomen zu sprechen), von vornherein eine Umdeutung als sorgenvollen Beziehungsaspekt zu unterstellen, dem zuzustimmen den Sorgeberechtigten oder (weniger) Geschwistern eher leicht fällt. So kann sich die Atmosphäre der primären Anklage gegen das Kind/den Jugendlichen oder der Anklage der Eltern gegen sich oder gegeneinander in eine Stimmung der berechtigten Hilfesuche wandeln.

Die *zweite* Frage zielt bewusst auf die Ebene der Tatsachen: Wer tut was, wo, wann und gegenüber wem? Nur zu oft wenden sich die Eltern mit solchen Bedeutungszuschreibungen oder diagnostischen Bezeichnungen, die sie zuvor gehört haben, an die beratende Stelle: „Karl stört in der Schule, ist faul, aggressiv, hat ADHS, ist Enuretiker, hat eine Stoffwechselstörung, hat nicht miteinander verbundene Hirnhälften ... usf." Beachtet der Therapeut die Analyse kommunikativer Abläufe und Gestaltungen, wird er wahrnehmen, ob ihm Bedeutungen, Diagnosen oder Tatsachen berichtet werden. Im ersteren Fall ist grundsätzlich die Frage angebracht: „Was tut Karl, wenn Sie/Lehrer/Ärzte ihn aggressiv, faul, Störenfried ... usf. nennen?" Der Therapeut leistet sich mit dieser einfachen klärenden Frage die Möglichkeit der eigenen Neubewertung („Respektlosigkeit" gemäß Mailänder Modell) und spricht u. U. den „Neuigkeitsdetektor" (Spitzer 2002, S. 34) der Eltern an, woraufhin die Chance eröffnet wird, trotz lang dauernder Problemzeit doch an die Möglichkeit der Veränderung zu glauben.

Während die *dritte* Frage entweder die Notwendigkeit akuten Intervenierens klärt oder zur Entspannung beiträgt, fordert die *vierte* Frage die Familie dazu auf, eigene positive Vorstellungen vom erwünschten oder notwendigen Wandel zu entwickeln. Zusammen mit der Antwort auf die *fünfte* Frage verdeutlicht die Familie ihre eigenen Hypothesen über die inner- bzw. außerfamiliäre Verantwortungsverteilung oder entdeckt, wer dazugehört und wessen Mitwirkung den Lösungsprozess voranbringen wird oder wer auf keinen Fall angesprochen werden soll, weil man ihm mit Schuldzuweisung begegnet oder ihn ausblenden möchte.

In der Regel werden diese Fragen von der Familie vorab sehr differenziert beantwortet und wirken offensichtlich nach der telefonischen Anmeldung als weitere Kraft, die vor dem Erstinterview an der Einleitung des Wandels arbeitet: „pre-session changes" (Schiepek et al. 2001). Innerhalb der dann nach wenigen Wochen stattfindenden Sitzung kann bereits bilanziert werden, welche Veränderungen zwischenzeitlich geschehen sind. Kann die Familie von eher günstigen Entwicklungen sprechen, erkennt sie damit ihre eigene Kompetenz und regt das Hilfesystem dazu an, die gegebenen familiären Ressourcen zu beachten und sich selbst gegenüber zu verdeutlichen (Ludewig 1992).

Das Erstinterview sollte mindestens zwei Anliegen verfolgen:

1. die Bedeutung der beklagten Tatsachen/Verhaltensweisen/Symptomatiken für die innerfamiliären Beziehungen zu eruieren,
2. einen Überblick über die Auftragslandschaft zu gewinnen.

In der Regel fällt es den Familien schwer, eine fachkompetente Institution aufzusuchen, wenn ein Kind bzw. ein jugendliches Familienmitglied Anlass zur Sorge gibt. Beim Erstgespräch zeigen sich Familien eher an einem medizinischen Erkenntnisweg orientiert, der vor der Diagnose deren vermeintliche Ursachen sucht, um erst dann mit der Beseitigung dieser Gründe die Therapie zu beginnen. Stehen die Eltern unter dem Druck, Informationen so zu geben, wie sie das für unbedingt notwendig halten, können sie erst nach Verringerung dieses Druckes dazu eingeladen werden, auf solche Unterschiedsfragen zu antworten, die eine Symptomatik in die innerfamiliären Beziehungen stellen (Penn 1982). Junge Kinder haben es schwer, Unterschiedsfragen zu beantworten. Nach unserer Erfahrung sprechen vor allem zwei Gründe dafür, vor dem zehnten Lebensjahr andere als sprachliche Mittel zu benutzen, um Unterschiede zu erfahren, die Wahrnehmung von Unterschieden zu ermöglichen oder mittels der Implikation von Unterschieden für einen Informationszuwachs zu sorgen: Junge Kinder können solche Fragen nicht beantworten, deren syntaktische Struktur für sie noch unbekannt ist. Sie verstehen den Fragenden einfach nicht und gehen dann aus dem Kontakt. Ältere Kinder spüren offensichtlich die informationsliefernde Macht der Unterschiedsfragen und brechen zuweilen unvermittelt in Tränen aus, wenn sie allzu stringent und in dichter Folge befragt werden und Antworten geben sollen, die sich ihnen zwar anbieten, aber möglicherweise mehr Offenlegung bedeuten würden, als sie sich selbst erlauben oder ihnen die Familienloyalität gestattet. Wenn junge Kinder zum Erstgespräch mit eingeladen sind, sollten Materialen verfügbar sein, die ihnen metaphorische Mitteilungen ermöglichen: Kinder nutzen gerne spontan Spielmaterial oder Malutensilien, mit denen sie kleine Konstruktionen bauen, während sich das Gespräch zwischen Erwachsenen entwickelt. Das tun sie offensichtlich in Beziehung zum Gesprächsverlauf und verdeutlichen das, indem sie nun Blickkontakt auch zum Therapeuten suchen oder die Eltern nachdrücklich dazu auffordern, Zeichnungen oder Aufgebautes anzuschauen. Zeigen sie sich in einer dann entspannten Atmosphäre genügend sicher und kontaktbereit, lassen sie sich gerne zum Zaubern einladen („Papa, ich zaubere dir/für dich ein … XY!") oder sie vermitteln ihre Botschaften mithilfe einer ausgewählten Tierpuppe, die sich mit einer anderen unterhält, die der Therapeut führt.

Jugendliche sollten grundsätzlich bereits in der ersten Sitzung danach gefragt werden, ob ihre Anwesenheit bei diesem Erstgespräch Folge ihrer eigenen Entscheidung ist. Diese Frage unterstellt einerseits ohne Parteinahme ein gewisses Maß an Autonomie, das dem jugendlichen Familienmitglied eingeräumt hätte, seine Mitwirkung abzulehnen, andererseits wird den Eltern so verdeutlicht, dass dem therapeutischen Setting an der informierten Zustimmung der/ des Jugendlichen gelegen ist. Wortreiche Begegnungen sind für Jugendliche in der Regel eher unangenehm. Sie haben vor dem jetzigen Familiengespräch aus ihrem Erleben heraus „endlose Diskussionen" mit den Eltern hinter sich gebracht und gehen in der Regel erst einmal davon aus, dass die therapeutische Person Partei für die Eltern nimmt. Adoleszente Krisen sind im Grunde immer mit Problemkonstellationen verbunden, die mit ungeklärten Autonomie-/Abhängigkeitsfragen einhergehen. Die Therapieführung hat sich daher um feinsinnige Allparteilichkeit zu bemühen. Kann das jugendliche Familienmitglied bei seiner Annahme einer Therapeuten-Eltern-Koalition bleiben, wird ein bejahtes Therapiebündnis nicht zustande kommen. Verbündet sich der Therapeut mit dem Jugendlichen, mögen sich im günstigeren Fall die Eltern zwar entlastet fühlen, weil der Jugendliche das Behandlungsangebot zuerst einmal angenommen hat, wenig später ziehen die Eltern, wenn sie sich durch diese Koalition geschwächt fühlen, jedoch ihren Auftrag zurück, oder der Jugendliche blockiert alsbald den Fortgang der Arbeit, weil er diese Koalition „gegen" die Eltern im Grunde ablehnt und ein zunehmend schlechtes Gewissen bekommt (Stierlin 2001).

6.2 Akzeptanz und Ressourcenorientierung

Die Bemühung um einen Shift von Defizitorientierung – Verhaltensweisen als negative Eigenschaften oder Zeichen für seelische oder zentralnervöse Krankheit/Störung zu deuten – zur Herausarbeitung der Beziehungsrelevanz verdeutlicht dem Familiensystem sein Eingebundensein in die Problemkonstellation und lädt somit zur gemeinsamen Mitwirkung an den Veränderungen ein. Indem nun jedes Familienmitglied ausgiebig nach seinen Vorstellungen und Wünschen gefragt wird im Hinblick darauf, was im Zuge des jetzt begonnenen Beratungsprozesses zu leisten ist, erfolgt eine Defokussierung weg von der herausgehobenen Positionen des zunächst identifizierten Kindes/jugendlichen Familienmitgliedes hin auf die mögliche Verbesserung der Verfassung aller. Ist das gelungen, bedeutet das eine Entlastung und Voreinstimmung auf einen möglichen positiven Wandel. Diese hier aufgeführten Eröffnungsbausteine sollen der Familie verdeutlichen, dass der Therapeut an die vorhandenen Ressourcenschätze glaubt und die Eltern als die erst- und letztinstanzlichen Experten für ihr Kind einschätzt. Zudem zeigt der Therapeut deutlich an, dass ihm keine Macht zukommt und er bezüglich entwickelter und in Taten umzusetzender Veränderungsintentionen den Eltern eindeutig nachgeordnet ist: Kündigen diese ihren Behandlungsauftrag, kehren sie zur alleinigen Verantwortung für das Wohlergehen ihres Kindes zurück. In dieser Haltung soll der Therapeut während der gesamten Behandlungsepisode wachsam verharren und in Abständen anlässlich anzustellender Bilanzierungen überprüfen, welcher Wandel in der Auftragslandschaft zu verzeichnen ist und in welcher Weise sich die Verteilung der Verantwortung innerhalb der Familie entwickelt hat. Gerade bei günstigen Verläufen kann das familiäre System dazu neigen, an das Hilfesystem zwar den Erfolg, aber damit auch die Hauptverantwortung zu delegieren. Unterliegt der Therapeut dieser Verführung, entwertet er die Kompetenz der Familie und begünstigt damit u. U. die Entwicklung neuer Problemlandschaften.

Wenn die Entwicklungslinie eines Kindes sich ungünstig darstellt und es Symptome von Krankheitswert zeigt, verlangt das in der Medizin übliche Diagnosesystem auch in psychosozialen Problemkonstellationen nach Ursachenforschung. Diese Tendenz möchte sich nach wie vor durchsetzen, obwohl die neurobiologische Forschung seit langem darauf hingewiesen hat, dass das Verhältnis von Sensoren auf der Körperoberfläche zu den zentralnervösen Schaltstellen (internen Sensoren) 100 000 : 1 beträgt. Das bedeutet, dass auf jeden Sensor an der Körperoberfläche, z. B. einen sensiblen Punkt der Haut, der Wärmeunterschiede wahrnehmen kann, 100 000 Reizpunkte kommen, die auf Stimuli innerhalb des Gehirns reagieren. Schon von dieser physiologischen Warte aus verbieten sich Vereinfachungen, die einer bestimmten Ursache eine bestimmte Wirkung zuschreiben wollen.

Dennoch melden sich außerhalb der Familien Personen und Institutionen, die den Eltern die Schuld für die zu beobachtenden Schwierigkeiten beim Kind zu geben suchen; innerhalb der Familie neigen im Stereotyp Eltern zu Selbstanklage oder möchten den Partner verantwortlich machen. So wie u. U. Eltern das ihnen zur Erziehung anvertraute Kind als triviale Maschine i. S. v. von Foerster betrachten, wenn sie mit dessen definierten und vorhersagbaren Reaktionen auf ihre pädagogischen Interventionen hin rechnen, betrachtet ein außenstehender Beobachter die Familie ebenso als triviale Maschine, wenn er in solcher Weise Verantwortung und Schuld zuweisen möchte (Schmidt 1993, S. 245 f.). Dem therapeutischen Hilfesystem muss daran gelegen sein, solchen Tendenzen zur Vereinfachung zu widerstehen und nachhaltig an der Entdeckung familiärer Ressourcen und Entwicklung von Kompetenzen zu arbeiten. Und diese Haltung darf Gültigkeit beanspruchen, solange es sich um einen Therapiekontext handelt; d. h. solange Familien um Veränderungen aus Anlass der Sorge um ein Kind nachsuchen.

6.3 Vom „Erfindungsgeist": Unvernünftige Probleme verlangen unvernünftige Lösungen

Längst bevor Lynn Segal (1986) den Konstruktivismus Heinz von Foersters beschrieb, Siegfried J. Schmidt (1993) dessen einschlägige Vorträge und Aufsätze zu dieser Thematik herausgab, Selbstorganisationsprozesse in sozialen Systemen untersucht wurden (Probst 1987), die Psychotherapieforschung sich der neuen Wissenschaft der Synergetik bemächtigte (u. a. Schiepek et al. 2001) und die aktuelle neurobiologische Forschung die Bedeutung der nutzungsabhängigen Neuroplastizität in ersten Ansätzen erkannte (u. a. Hüther et al. 1999; Andreasen 2002; Spitzer 2002), wurde in Märchen und Metaphern mitgeteilt, wie menschliche Not zu lindern ist, Lösungen für Probleme gefunden werden können, wenn ein Mensch jenseits allen logischen Kalküls und Wissens seinen Erfindungsgeist zum Einsatz bringt und dessen Früchte zur Wirkung kommen.

Wenn auch die genannten modernen Wissenschaften und Wissenschaftszweige brauchbare Theoriebausteine zur Erklärung der Wirksamkeit psychotherapeutischer Bemühungen liefern, wird niemand, der Neurobiologie, Synergetik, Konstruktivismus studiert, damit zur Entwicklung und Erweiterung seines Erfindungsgeistes gelangen, der einem Hilfe-suchenden-System nützlich sein könnte. Als naturwissenschaftlich erzogene Ärztinnen und Psychotherapeuten haben wir es eher schwer damit, nach eingehenden Studien von etwa Physiologie und Psychologie von logischen Betrachtungen und der auf Wissen verpflichteten analytischen Vernunft Abstand zu nehmen. Im Grunde entbehren alle Störungen des psychischen Gleichgewichtes jeder Logik und sind mittels einfacher Ursache-Wirkungs-Relationen nicht ableitbar und deshalb mit logischem Kalkül auch nicht behandelbar.

Es hat überhaupt keinen Sinn, wenn ein 14-jähriger Junge weiterhin ins Bett nässt oder eine Jugendliche mittels Gewichtsreduktion und Perfektion ihre Autonomie sucht. Der Zwangskranke leidet gerade an der durchaus von ihm empfundenen Sinnlosigkeit seiner Grübeleien und Rituale. Die immer wieder erhobene Aufforderung, zuerst nach Ursachen zu suchen, denen dann begründet begegnet werden kann, erscheint manchmal geradezu als eine verwirrenden Nebel sprühende Taktik, die ebendas zu verhindern sucht, was zu unvernünftigen Probleme am besten passen würde: eine Lösung, die

erst mittels der Unvernunft gefunden werden könnte. Aber – wie soll solches Finden von heilender Unvernunft lehr- und vermittelbar werden?
Die Geschichte vom 18. Kamel schildert die Erfindung einer lösenden Metapher, die nur wegen ihres logischen Fehlers heilsam ist (Segal 1988, S. 9):

Ein Mullah ritt auf seinem Kamel nach Medina; unterwegs sah er eine kleine Herde von Kamelen; daneben standen drei junge Männer, die offenbar sehr traurig waren. „Was ist euch geschehen, Freunde?", fragte er, und der älteste antwortete: „Unser Vater ist gestorben."
„Allah möge ihn segnen. Das tut mir Leid für euch. Aber er wird euch doch sicherlich etwas hinterlassen?"
„Ja", antwortete der junge Mann, „diese 17 Kamele. Das ist alles, was er hatte."
„Dann seid doch fröhlich! Was bedrückt euch denn noch?"
„Es ist nämlich so", fuhr der älteste Bruder fort, „sein letzter Wille war, dass ich die Hälfte seines Besitzes bekomme, mein jüngerer Bruder ein Drittel und der jüngste ein Neuntel. Wir haben schon alles versucht, um die Kamele aufzuteilen, aber es geht einfach nicht."
„Ist das alles, was euch bekümmert, meine Freunde?", fragte der Mullah. „Nun, dann nehmt doch für einen Augenblick mein Kamel und lasst sehen, was passiert."
Von den 18 Kamelen bekam jetzt der älteste Bruder die Hälfte, also neun Kamele; neun blieben übrig. Der mittlere Bruder bekam ein Drittel der 18 Kamele, also sechs; jetzt waren noch drei übrig. Und weil der jüngste Bruder ein Neuntel der Kamele bekommen sollte, also zwei, blieb ein Kamel übrig. Es war das Kamel des Mullahs; er stieg wieder auf und ritt weiter und winkte den glücklichen Brüdern zum Abschied lachend zu.

Als Problemsystem begegnen uns hier drei Geschwister, denen die Bewältigung des Vaterverlustes nicht gelingt, weil sie angesichts eines unsinnigen Erbschaftsdekretes ihre Ressourcen nicht nutzen können. Ihre auf Logik basierenden Versuche, ihre zukunftsweisenden Möglichkeiten zu utilisieren, schlagen fehl, und sie bleiben in ihrer Trauer verhaftet. Der hinzukommende weise Mann, der Mullah, weist zunächst auf die prinzipiell verfügbaren Ressourcen hin: 17 Kamele, und ermöglicht die Lösung durch eine logische Unschärfe: Das kleinste gemeinsame Vielfache von 2, 3 und 9 ist nicht 17, sondern 18. Mithilfe seines eigenen Kamels, das wir hier metaphorisch als seine Beigabe, seinen Gedanken, seine Erfindung verstehen dürfen, gelingt es nun, die zuvor nicht lösbare Division durchzuführen. Dabei erleidet der Mullah nicht einmal einen Verlust: Er behält sein eigenes Kamel, trägt zum Glück der Brüder bei und bleibt der Lachende. Niemand verliert, alle gewinnen.

Die alltägliche Therapieerfahrung scheint lehren zu wollen, dass sich unlogische Probleme verstärken, wenn man ihnen logisch begründet begegnen will. Man gewinnt den Eindruck einer Art von Wettrüsten zwischen den logischen Lösungsversuchen und der Problemausprägung: Die mit Speiseplan und -anweisung ausgestattete Magersüchtige steigert ihre Raffinesse, bizarr zu essen, und die aus der Verhaltensanalyse heraus begründeten veränderten Trinkgewohnheiten eines einnässenden Kindes führen zu zeitverschobenem verstärktem Einnässen usf.

Der an Unvernunft interessierte systemische Therapeut hat eine mehrfache Aufgabe zu erfüllen: Als hochwachsamer Zuhörer muss er gegenüber dem Problemsystem seine Ernsthaftigkeit unter Beweis stellen. Er muss dem Logikbedürfnis der Eltern folgen und sich als Kenner der Szene der Schwierigkeiten erweisen. Zugleich hat er von der Problembelastung des identifizierten Klienten zu defokussieren und dessen Symptomatik in die innerfamiliären Beziehungen zu stellen. Und schließlich obliegt es ihm, Teilaspekte oder kontextuelle Randbedingungen der Symptomatik für die Lösungssuche zu utilisieren: Zeitfaktoren, Orte oder andere zuvor eigentlich unwichtig erscheinende Elemente.

Und nun bedarf es des Mutes des Therapeuten, dem Logikbedürfnis des Problemsystems zu widerstehen. Es überrascht uns immer wieder, mit welcher „Bereitschaft zum Unsinn" uns Problemsysteme begegnen, die zuvor ihr Bedürfnis nach Logik artikuliert hatten. Fühlt sich das Problemsystem ernsthaft respektiert und verstanden, ist eine hohe Bereitschaft zu verzeichnen, primär unlogisch erscheinende oder nur unter Vorbehalt mittragbare Handlungen zu realisieren:

Die aktuelle Hippokampusforschung hat gezeigt, dass diese Hirnregion grundsätzlich beteiligt ist, wenn etwas Neues geschieht.

D. h., diese Hirnstruktur ist dazu in der Lage, Bekanntes von Neuem zu unterscheiden, die registrierten Daten zu speichern und schließlich im Tiefschlaf an die relevanten Regionen der Großhirnrinde weiterzugeben (Spitzer 2002, S. 34, 125). Der Teil des dopaminergen Systems, der an der Steuerung und Regelung von Erleben und Verhalten beteiligt ist, übt so in gemeinsamer Aktivität mit dem Hippokampus eine Bedeutung gebende Funktion aus. Beide neuronalen Strukturen werden nur dann aktiviert, wenn etwas wirklich Neues geschieht. Somit hat der Psychotherapeut eine Gratwanderung zu leisten: Einerseits muss er der Familie als Wissender begegnen, andererseits als ein sich Wundernder, dem im Kontakt mit der Familie Neues begegnet, das er dann zurückmeldet. Wenn wir davon ausgehen, dass die psychotherapeutische Institution erst dann aufgesucht wird, wenn zum einen die Anlässe eine gewisse Chronifizierung erfahren haben und andererseits generelle Informationen aus verschiedenen theoretischen Positionen heraus über Entwicklung von und Gründe für Störungen relativ weite Verbreitung gefunden haben, läuft der Psychotherapeut Gefahr, der neurobiologisch begründbaren Neuigkeitsforderung nicht entsprechen zu können, wenn er lediglich als Spezialist wahrgenommen wird, der das Bekannte ebenfalls weiß. Er erntet dann vonseiten der Familie Statements, das und jenes sei bekannt, sei schon in dieser und jener Illustrierten zu lesen gewesen oder sei von der zuvor aufgesuchten Stelle auch schon gesagt worden. Damit unterbleibt die Aktivierung des dopaminergen Systems und des Hippokampus, und folglich bleibt alles, wie es ist. Das planvolle Erbrechen zu bestimmten Zeiten, Streiten nach der Uhr an definiertem Ort, Zeitmessung von Ausscheidungsvorgängen, Aufforderung zum bewussten Einnässen, Erfindung neuer Zeiteinheiten, Anrufe bei den Schwiegereltern nach Diktat durch den Zufall oder Würfeln um die erzieherische Tagesverantwortung eines Elternteils. Es kommt schließlich darauf an, dass der Therapeut zum System Daten mit Bedeutung, also Informationen von Neuigkeitscharakter, addiert, die überraschen und damit allerdings unkalkulierbar einen Wandlungsprozess anstoßen. Solche Prozesse erscheinen am ehesten dann auslösbar, wenn es in der Begegnung erlaubt ist, bei aller Ernsthaftigkeit humorvoll zu sein. Generell ist zu fordern, dass Psychotherapeuten nicht nur über die wissenschaftlich fundierten Kenntnisse ihres Fachgebietes verfügen sollten, sondern sich trauen, ihr kreatives Potenzial zu nutzen und somit weiterzuentwickeln. Kritikern dieser Position können u. a. wenigstens zwei neurobiologische Argumente entgegengehalten werden: Die Informationsverarbeitung im ZNS wird heute als ein gleichzeitig seriell und parallel ablaufender Prozess der Aktivierung multifokaler, eng miteinander verschalteter neuronaler Netzwerke verstanden. Jedes dieser Netzwerke besitzt strukturell festgelegte Muster der Verschaltung mit anderen Netzwerken, die im Verlauf der Ontogenese herausgebildet und zeitlebens durch die Art ihrer Nutzung um- und überformt werden (*experience-dependent plasticity*). Die Aktivität und die Effizienz der in verschiedenen Bereichen des ZNS operierenden lokalen Netzwerke werden durch „überregionale" Systeme mit weit reichenden und überlappenden Projektionen beeinflusst und aufeinander abgestimmt (Mesulam 1990). Eines dieser globalen Systeme ist das zentrale noradrenerge System. Seine Neurone sind im Locus coeruleus und den katecholaminergen Kernen des Hirnstammes lokalisiert. Ihre vielfach verzweigten Axone erreichen praktisch alle Bereiche des ZNS und beeinflussen die Aktivität der dort angelegten lokalen Netzwerke. Das noradrenerge System wird immer dann aktiviert und schüttet an den Enden seiner Fortsätze vermehrt Noradrenalin als Botenstoff aus, wenn etwa Unerwartetes, Neuartiges, Aufregendes wahrgenommen wird, das nicht sofort durch ein bereits gebahntes Verhaltensmuster beantwortet werden kann und deshalb zu einer sich ausbreitenden unspezifischen Erregung führt. Zugleich mit diesem noradrenergen System wird auch das dopaminerge System aktiviert. Es besteht aus mehreren Zellgruppen, deren fein verzweigte Fortsätze in unterschiedliche Hirnregionen reichen und dort vermehrt Dopamin ausschütten (nigrostriatales, mesolimbisches, mesokortikales und tubero-infundibuläres dopaminerges System).

6.4 Wege zum „Erfindungsgeist"

Kreativität ist wahrscheinlich nicht lehrbar, und imitierte Erfindungen sind nicht neu. Kreativität darf aber generell als menschliche Ressource gelten, die es lediglich zu mobilisieren gilt. Wenn Familien aus Anlass der bleibenden Irritation durch ein Kind oder einen Jugendlichen, die abzuwenden aus eigenen Kräften nicht gelungen ist, sich an eine therapeutische Institution wenden, signalisieren sie deutlich, dass sie mit Erfahrung, Wissen und Behandlungskompetenz rechnen. Insofern wird das Abstraktions- und Analysevermögen des Therapeuten eingefordert: eine kognitive Anstrengung und Leistung, die entfernt von kreativen Bemühungen zustande kommen kann. Gelingt es dem Therapeuten nach Orientierung über das betretene Problemfeld aber, den vorgestellten „Fall" von anderen Konstellationen zu unterscheiden, wird ihm das Einzigartige und Neue auffallen. So kommt er selbst zu neuen Fragen, kann zum Sichwundern zurückfinden: Was kennzeichnet dieses Kind, das nicht in seinen Fachbüchern steht? Wie sind die Unterscheidungen zwischen dieser bestimmten Familie und anderen zu treffen? In der Fokussierung auf das, was dem Therapeuten selbst neu ist, kann er das Neue an die Familien zurückgeben, sich glaubhaft wundern und entsprechend seine Fragen konzipieren und damit eben nicht das tun, was er schon so und so oft getan, gefragt und verschrieben hat. Damit entfernt er sich wieder von abstrahierenden Betrachtungsweisen, die klassifizieren sollen oder wollen, nähert sich dabei dem Individuellen, Unverwechselbaren, hebt es hervor und beteiligt sich an der Konstruktion des Neuen, dem Wandel des Systems, das schließlich die Sorgen bereitenden Verhaltensweisen nicht mehr umfasst. So wird die Mailänder Neugier (Boscolo et al. 1997) vorbereitendes Element zur Besinnung auf die kreative Kompetenz des Therapeuten. Der Therapeut folgt somit dem ethischen Imperativ Heinz von Foersters: „Handle stets so, dass die Zahl der Wahlmöglichkeiten wächst!", und stellt sich damit der Aufgabe, an der Entwicklung des Systems in der Weise mitzuwirken, dass von allen Beteiligten Neues wahrgenommen und dass es wirksam wird. Und das bedeutet den Anfang der hilfreichen Veränderung.

Neben der Bemühung des Therapeuten, eine Unterscheidung zu treffen, muss er auf seinen inneren Prozess achten, der seine eigenen Wahrnehmungen kommentiert und die Abfolge seiner sich kontinuierlichen wandelnden Hypothesen mitbestimmt: Assoziationen in Gestalt von Erinnerungen, Bildern und Worten, von denen er selbst überrascht sein mag.

Ein Beispiel: Die Eltern stellen ihre sehr unruhige sechsjährige Monika vor. Sie sei im Kindergarten nicht mehr zu führen, und entsprechend fürchten beide um den künftigen Schulerfolg. Nachdem die 32-jährige Mutter ihre Unzufriedenheit mit der ehelichen Situation vorgetragen hat, kommt sie allein zum Gespräch. Und während die bereits ergraute junge Frau detaillierter über die Lage der Familie berichtet, fällt dem Therapeuten plötzlich ein: „Kriegerwitwe". Selbst davon überrascht, gibt er verwundert seine Assoziation bekannt und fordert die Mutter, die sich unmittelbar verstanden fühlt, auf, ihrem Mann davon zu berichten. Abgesehen davon, dass sich beide längst nach dem Krieg geborenen Eltern über das Schicksal ihrer Herkunftsfamilien austauschen, arbeitet der Vater sofort an seiner Präsenz in der Familie. Die Mutter erkennt, dass sie ihrem Mann diese Präsenz auch zugestehen muss. In der Folge kommen beide zu einer Neuverteilung ihrer elterlichen Verantwortung, die das Kind zu beruhigen in der Lage ist.

Der Zugang zum Erfindungsgeist gelingt grundsätzlich dann leichter, wenn nicht das störende, Sorgen bereitende Verhaltenselement, das gemäß Auftrag der Familie sistieren soll, im Zentrum der Aufmerksamkeit bleibt, sondern dessen kontextuelle Randbedingungen: Wo und wann tritt das Problem auf, wer nimmt teil? Das Spiel mit Unterschieden und neuen Ideen zu möglichen Kontextelementen macht die Kontextabhängigkeit jeder Erfahrung deutlich (Unger 1986) und sorgt dafür, dass Neues empfunden werden kann, und weist auf die Möglichkeit des Wandels, des Andersseins hin (Watzlawick 1982). Es ist nicht allein die Aufgabe des Therapeuten, Erfindungsgeist zu zeigen, indem er nur seinen eigenen Einfällen nachspürt. Als kreatives technisches Mittel eignen sich vorwärts koppelnde Unterschiedsfragen sehr gut, den Erfindungsgeist der Familie bzw. der einzelnen Familienmitglieder zu wecken, z. B. die an die Jugendliche gerichtete Frage: „Nimm einmal an, du hättest entgegen der Erwartung der Mutter in zwei Jahren dein Abitur geschafft, wie würde sich dann das Verhältnis deiner Eltern geändert haben?"

Ebenso kann es bei der Arbeit mit dem erweiterten System bei einem Schüler angebracht sein, den Erfindungsgeist der Schule/Lehrer mit differenzierenden Fragen anzuregen. Die Erfindungsleistung des Therapeuten besteht in jedem Fall darin, einen bezeichenbaren Unterschied zu denken, diesen in Frageform verschiedenen Systemmitgliedern nahe zu bringen und mit nicht bezeichneten Unterschieden in Verbindung bringen zu lassen. „Was wäre, wenn …?" klingt zunächst wie eine alltägliche Frage, die aber ihre Lösungsspezifität entfaltet, wenn mit ihr ein problembezogener Unterschied angesprochen wird. Fantasien und Lösungen liegen grundsätzlich in der Zukunft.

7 Ausblick auf eine therapeutische Zukunft

Erst seit kurzem wissen wir, dass Nervenzellen nachwachsen können und Lernvorgänge mit einer nutzungsabhängigen Neuroplastizität einhergehen (Spitzer 2002, S. 32; Hüther et al. 1999). Für bestimmte Lernvorgänge wurde bewiesen, dass dies an das Nachwachsen von Neuronen gebunden ist. Andreasen (2002) geht davon aus, dass sich seit etwa 100 Jahren die Techniken der Psychotherapie auf die Prinzipien der neuronalen Plastizität stützen. Seit durch Baxter et al. (1992, zit. nach Hüther et al. 1999) der Nachweis darüber geführt wurde, dass eine Verhaltenstherapie eine ebenso deutliche Normalisierung des veränderten neurobiologischen Substrats im Gehirn psychiatrischer Patienten bewirkt wie eine psychopharmakologische Behandlung, wissen wir von der strukturverändernden Kompetenz der Psychotherapie, dürfen also nicht nur auf die Verbesserung der psychopharmakologischen Behandlungsmöglichkeiten setzen. Nach Andreasen (ebd.) müsste es angesichts unserer Kenntnisse über die bei psychischen Störungen betroffenen Teilsysteme des Gehirns möglich sein, mittels psychotherapeutischer Strategien – sie spricht von zielgerichteten kognitiven Interventionen – affektive Störungen definitiv anzugehen.

In Anlehnung an die unten wiedergegebene „Kaskade vom Gen zum System Geist/Gehirn" (Andreasen 2002, S. 386, 401) müsste es gelingen, die passenden Interventionsorte für psychotherapeutische Ansätze zu ermitteln. In die in dieser Kaskade dargestellten Regelkreise wirken nutzungsabhängige neuroplastische Prozesse hinein. Z. B. sind die für das Dopamin neben seiner Erregungsübertragungsfunktion auch so genannte Second-messenger-Funktionen bekannt, die zu Stoffwechsel- und Genaktivierungen führen, die abhängig von der Nutzung zu vermehrter Ausprägung des dopaminergen Systems führen. Bezogen auf das oben dargestellte Schema, bedeutet das, dass spätestens auf der Ebene der Wirkung globalisierender Neurotransmittersysteme Effekte psychotherapeutischer Arbeit ihren neurobiologischen Niederschlag finden. Auch wenn die von Andreasen vermutete Realisierbarkeit zielgerichteter störungsspezifischer psychotherapeutischer Interventionen zu kontroverser Diskussion über den Gegenstand des vorangegangenen Kapitels auffordert, dürfen Psychotherapeuten mit Selbstbewusstsein davon ausgehen, dass Ergebnis und Bedeutung ihrer Arbeit auch im neurobiologischen Substrat verankert werden.

Gene

Genexpression

Moleküle (Genprodukte wie Neurotransmitter oder Enzyme, die die Gehirnentwicklung regulieren)

Zellen (einschließlich „chemischer Fabriken" innerhalb der Zellen und Kommunikationssystemen in den Zellmembranen)

chemische Kreisläufe (globalisierende Neurotransmittersysteme wie Dopamin oder Serotonin)

anatomische Schaltkreise (feste Verbindungen zwischen den Gehirnregionen)

funktionale Regelkreise (Verlagerung von Stoffwechselaktivität in miteinander verbundenen Gehirnregionen als Antwort auf Veränderungen sowohl innerhalb des Gehirns als auch in der äußeren Welt)

die Aktivität von Geist/Gehirn („normale Gedanken und Gefühle oder Symptome von psychischen Erkrankungen")

Abb.: Kaskade vom Gen zum System Geist/Gehirn (nach Andreasen 2002)

Neuerdings bemüht sich die systemische Therapieforschung, Psychotherapie als Ermöglichung und Entwicklungsförderung sich selbst organisierender synergetischer Prozesse aufzufassen und solche empirisch zu belegen (Schiepek et al. 2001). Solche Forschung könnte u. a. einen wichtigen Beitrag dazu leisten, neue Behandlungsformen, die sich auf die Prinzipien der nutzungsabhängigen neuronalen Plastizität stützen, auf ihre Effektivität hin zu prüfen. Hier eröffnet sich die Chance einer Synopsis beobachtbarer therapeutischer Veränderungen als Ordnungsübergänge von Kognitions-Emotions-Verhaltensmustern mit neurobiologischen Strukturveränderungen, die mittels der neuen bildgebenden Verfahren messbar werden.

Literatur

Andreasen, N. (2002): Brave new brain. Berlin/Heidelberg/New York (Springer).
Angold, A., A. Erkanli, H. L. Egger a. E. J. Costello (2000): Stimulant treatment for children: A community perspective. *Journal of the American Academy of Child & Adolescent Psychiatry* 39 (8): 975–984.
Anthony, E. J. a. B. J. Cohler (1987): The invulnerable child. New York (Guilford).
Bateson, G. (1985): Ökologie des Geistes. Frankfurt a. M. (Suhrkamp).
Bonney, H. (1998a): Lösungswege in der ambulanten Kinder- und Jugendpsychiatrie. Studie zur klinischen Evaluation. *Praxis der Kinderpsychologie und Kinderpsychiatrie* 47: 499–510.
Bonney, H. (1998b): Modelling the psychopathological development of anorexia nervosa. (Lecture, 14th, Congress of the "International Association for Child and Adolescent Psychiatry and Allied Professions", Stockholm.)
Bonney, H. (2000): Neues vom Zappelphilipp. *Praxis der Kinderpsychologie und Kinderpsychiatrie* 49: 285–299.
Bonney, H. (2001): Systemische Therapie bei ADHD-Konstellationen. In: W. Rotthaus (Hrsg.): Systemische Kinder- und Jugendlichenpsychotherapie. Heidelberg (Carl-Auer-Systeme), S. 386–404.
Bonney, H. (2002): The psychopathogenic power of secrecy: Child development and family dynamics after heterologous insemination. *Journal of Psychosomatic Obstetrics & Gynecology* 23: 201–208.
Boscolo, L., G. Cecchin u. L. Hoffman (1997): Familientherapie, Systemtherapie: Das Mailänder Modell. Theorie, Praxis, Konversationen. Dortmund (Modernes Lernen).
Boszormenyi-Nagy, I. (1989): Transgenerationale Solidarität: Therapie und Prävention. *Psychotherapie – Psychosomatik – Medizinische Psychologie* 39 (12): 433–443.
Bradley, C. (1937): The behavior of children receiving benzedrine. *American Journal of Psychiatry* 94: 577–585.
Brenner, G., B. Graubner u. H.-U. Nowak (1995): Diagnosenverschlüsselung in der Arztpraxis. Köln (Deutscher Ärzteverlag).
Brewaeys, A. (1996): Donor insemination, the impact on familiy, and child development. *Journal of Psychosomatic Obstetrics & Gynecology* 17: 1–13.

Brewaeys, A. (1998): How to care for the children? Need for large scale followup studies. *Human Reproduction* 13 (9): 2347–2349.
Brisch, K. H. (1999): Bindungsstörungen. Stuttgart (Klett-Cotta).
Brooks, R. a. S. Goldstein (2001): Raising resilient children. Fostering strength, hope, and optimism in your child. Illinois (Contemporary Books).
Cappie, J. (1886): Some points in the physiology of attention, belief, and will. Brain 9: 201. In: J. Crary (ed.): Suspensions of perception. Attention, spectacle, and modern culture. Cambridge, MA/London (The MIT Press), S. 17.
Carey, W. B. (2000): What the mulitimodal treatment study of children with attention-deficit/hyperactivity disorder did and did not say about the use of methylphenidate for attention deficits. *Pediatrics* 105 (4): 863 f.
Carey, W. B. (2002): Is ADHD a valid disorder. In: P. S. Jensen a. I. Cooper: Attention Deficit Hyperactivity Disorder. State of science. Best pracitces. Kingston, NY, Life Research Institute (unveröffentliches Manuskript).
Carey, W. B. a. L. H. Diller (2001): Concerns about Ritalin. *Journal of Pediatrics* 139 (2): 338–340.
Chermak, G. D., J. W. Hall a. F. E. Musiek (1999): Differential diagnosis and mangement of central auditory processing disorder and attention deficit hyperactiivity disorder. *Journal of American Academy of Audiology* 10: 289–303.
Cierpka, M. (Hrsg.) (1996): Handbuch der Familiendiagnostik. Berlin/Heidelberg (Springer).
Cierpka, M. (2001): Geschwisterbeziehungen aus familientherapeutischer Perspektive – Unterstützung, Bindung, Rivalität und Neid. *Praxis der Kinderpsychologie und Kinderpsychiatrie* 50 (6): 440–453.
Cierpka, M. u. A. Cierpka (2000): Beratung von Familien mit zwei- bis dreijährigen Kindern. *Praxis der Kinderpsychologie und Kinderpsychiatrie* 49: 563–579.
Ciompi, Luc (1999): Die emotionalen Grundlagen des Denkens. Göttingen (Vandenhoek & Ruprecht).
Crary, J. (1989): Attention, spectacle, counter-memory. *October* 50: 97–107.
Crary, J. (2001): Suspensions of perception. Attention, spectacle, and modern culture. Cambridge, MA/London (The MIT Press).
DeGrandpre, R. (2002): Die Ritalingesellschaft. Weinheim/Basel (Beltz).
Diller, L. (1991): Not seen, not heard. *Family Therapy Networker* 15: 18–27.
Dornes, M. (1993): Der kompetente Säugling. Die präverbale Entwicklung des Menschen. Frankfurt a. M. (Fischer).
Dornes, M. (1997): Die frühe Kindheit. Entwicklungspsychologie der ersten Lebensjahre. Frankfurt a. M. (Fischer).
Dornes, M. (2000): Die emotionale Welt des Kindes. Frankfurt a. M. (Fischer).
Dougherty, D. D., A. A. Bonab, T. J. Spencer, S. J. Rauch, B. K. Madras a. A. J. Fishman (1999): Dopamine transporter density in patients with attention deficit hyperactivity disorder. *Lancet* 354: 2132 f..
Fisman, S., L. Wolf, D. Ellison a. T. Freeman (2000): A longitudinal study of siblings of children with chronic disabilities. *Canadian Journal of Psychiatry* 45 (4): 369–375.

Fivaz-Depeursinge, E. u. A. Corboz-Warnery (2001): Das primäre Dreieck. Heidelberg (Carl-Auer-Systeme).
Fleitas, J. (2000): When Jack fell down ... Jill came tumbling after. Siblings in the web of illness and disability. *American Journal of Maternal Child Nursing* 25 (5): 267–273.
Foerster, H. von (1993): Wissen und Gewissen. Versuch einer Brücke. Frankfurt a. M. (Suhrkamp).
Foerster, H. von (1999): Sicht und Einsicht. Versuche zu einer operativen Erkenntnistheorie. Heidelberg (Carl-Auer-Systeme).
Foucault, M. (1963): Die Geburt der Klinik. Eine Archäologie des ärztlichen Blicks. Frankfurt a. M. (Fischer).
Freud, A. (1927): Die Einleitung der Kinderanalyse. In: G. Biermann (Hrsg.): Einführung in die Technik der Kinderanalyse. München (Kindler), S. 11–27.
Freud, S. (1909): Analyse der Phobie eines fünfjährigen Knaben. In: T. von Uexküll u. I. Grubrich-Simitis (Hrsg.): Sigmund Freud. Zwei Kinderneurosen. Frankfurt a. M. (Fischer).
Golombok, S. (1998): New families, old values: Considerations regarding the welfare of the child. *Human Reproduction* (13): 2342–2347.
Golombok, S., R. Cook, R., A. Bish a. C. Murray (1993): Quality of parenting in families created by the new reproductive technologies: A brief report of preliminary findings. *Journal of Psychosomatic Obstetrics & Gynecology* (14): 17–22.
Golombok, S., R. Cook, R., A. Bish a. C. Murray (1995): Families created by the new reproductive technologies: Qualities of parenting and social and emotional development of the children. *Child Development* (66): 285–298.
Golombok, S., A. Brewaeys, R. Cook, MT. Giavazzi, D. Guerra, A. Mantovani, E. van Hall, P. G. Crosignani a. S. Dexeus (1996): The European study of assisted reproduction families: Familiy functioning and child development. *Human Reproduction* 11 (10): 2324–2331.
Habermas, J. (Hrsg.) (1984): Schizophrenie und Familie. Beiträge zu einer neuen Theorie. Frankfurt a. M. (Suhrkamp).
Haken, H. (1995): Erfolgsgeheimnisse der Natur. Synergetik: Die Lehre vom Zusammenwirken. Hamburg (Rowohlt).
Herpertz-Dahlmann, B., F. Resch, M. Schulte-Markwort u. A. Warncke (Hrsg.) (2002): Entwicklungspsychologie. Stuttgart (Schattauer).
Hüther, G. (1999): Stress und die Selbstorganisation verhaltenssteuernder neuronaler Netzwerke. *Bildung und Erziehung* (52) 3: 273–287.
Hüther, G. (2001): Bedienungsanleitung für ein menschliches Gehirn. Göttingen (Vandenhoek & Ruprecht).
Hüther, G. u. H. Bonney (2002): Neues vom Zappelphilipp. Düsseldorf (Walter).
Hüther, G., L. Adler u. E. Rüther (1999): Die neurobiologische Verankerung psychosozialer Erfahrungen. *Zeitschrift für psychosomatische Medizin* 45: 2–17.
Keeney, B. P. (1987): Ästhetik des Wandels. Hamburg (Isko).
Kim Berg, I. u. S. D. Miller (1995): Kurzzeittherapie bei Alkoholproblemen. Heidelberg (Carl-Auer-Systeme).

Kim-Kyung, H. (1972): Zeitbegriff und Zeitperspektive bei Kindern im Alter von 4 bis 8 Jahren. Dortmunder Arbeitsstelle für Piaget-Forschung. Verfügbar unter: http://psychologie.fb14.uni-dortmund.de/piaget/AlleTitel/538.html.

Kos, M. u. G. Biermann (1984): Die verzauberte Familie. München/Basel (Reinhardt).

Külpe, O. (1893): Grundriß der Psychologie. In: J. Crary (ed.): Suspensions of perception. Attention, spectacle, and modern culture. Cambridge, MA/London (The MIT Press), S. 16.

Ladd, G. T. (1887): Elements of Physiological Psychology. In: J. Crary (ed): Suspensions of perception. Attention, spectacle, and modern culture. Cambridge, MA/London (The MIT Press), S. 16.

Laing, R. (1974): The politics of the family. London (Tavistock).

Laucht, M., H. G. Eisert u. G. Esser (1986): Minimale cerebrale Dysfunktion: Ende eines Mythos? In: G. Neuhäuser (Hrsg.): Entwicklungsstörungen des Zentralnervensystems. Stuttgart (Kohlhammer), S. 189–198.

Ludewig, K. (1992): Systemische Therapie. Stuttgart (Klett-Cotta).

Luhmann, N. (1985): Soziale Systeme. Grundriß einer allgemeinen Theorie. Frankfurt a. M. (Suhrkamp).

Mahler, M. S., F. Pine u. A. Bergmann (1978): Die psychische Geburt des Menschen. Frankfurt a. M. (Fischer).

Masten, A. S. (2001): Ordinary magic. Resilience processes in devlopment. *American Journal of Psychology* 56 (3): 227–238.

Masten, A. S., J. J. Hubbard, S. D. Gest, A. Tellegen, N. Garmezy a. M. Ramirez (1999): Competence in the context of adversity: Pathways to resilience and maladaptation from childhood to late adolescence. *Developmental Psychology* 11 (1): 143–169.

Mesulam, M. M. (1990): Large-scale neocortical networks and distributed processing for attention, language, and memory. *Ann. Neurol.* 28: 597–613.

Mills, J. C. u. R. J. Crowley (1996): Therapeutische Metaphern für Kinder und das Kind in uns. Heidelberg (Carl-Auer-Systeme).

Minuchin, S., B. L. Rosman a. L. Baker (1979): Psychosomatic families. Anorexia nervosa in context. Cambridge, MA/London (Harvard University Press).

Moll, G. H., S. Hause, E. Rüther, A. Rothenberger a. G. Hüther (2001): Early methylphenidate administration to young rats causes a persistent reduction in the density of striatal dopamine transprters. *Journal of Child and Adolescent Psychopharmacology* 11: 15–24.

Moll, G. H., C. Mehnert, M. Wicker, N. Bock, A. Rothenberger, E. Rüther a. G. Hüther (2000): Age-associated changes in different regions of the rat brain from early juvenile life to late adulthood. *Developmental Brain Research* 119: 251–257.

Mrochen, S., K.-L. Holtz u. B. Trenkle (1997): Die Pupille des Bettnässers. Hypnotherapeutische Arbeit mit Kindern und Jugendlichen. Heidelberg (Carl-Auer-Systeme).

Murray, H. A. (1971): Thematic Apperception Test. London (Harvard University Press).

Nordau, M. (1892): Entartung. In: J. Crary (2001): Suspensions of Perception. Attention, Spectacle, and Modern Culture. Cambridge, Massachusetts/ London, England (The MIT Press) 30.

Oerter, C., G. Röper u. G. Noam (Hrsg.) (1999): Klinische Entwicklungspsychologie. Ein Lehrbuch. Weinheim (Psychologie Verlags Union).

Olson, D. H. (1986): Circumplex Model VII: Validation studies and FACES III. *Family Process* 25 (3): 337–351.

Omer, H. u. A. von Schlippe (2002): Autorität ohne Gewalt. Coaching für Eltern von Kindern mit Verhaltensproblemen. Göttingen (Vandenhoeck & Ruprecht).

Selvini Palazzoli, M., L. Boscolo, G. Cecchin a. G. Prata (1980): Hypothesizing – circularity – neutrality: Three guidelines for the conductor of the session. *Familiy Process* 19 (1): 3–13. [Dt. (1981): Hypothetisieren – Zirkularität – Neutralität: Drei Richtlinien für den Leiter der Sitzung. *Familiendynamik* 2: 123–139.]

Papousek, M. (1999): Regulationsstörungen der frühen Kindheit: Entstehungsbedingungen im Kontext der Eltern-Kind-Beziehungen. In: C. Oerter, G. Röper u. G. Noam (Hrsg.): Klinische Entwicklungspsychologie. Ein Lehrbuch. Weinheim (Psychologie Verlags Union), S. 148–169.

Papousek, M. (2002): Regulationsstörungen der frühen Kindheit erkennen und behandeln: Ein diagnostisches und therapeutisches Konzept. (Vortrag beim interdisziplinären Symposium „Regulationsstörungen, Lern und Aufmerksamkeitsstörungen des Kindes- und Jugendalters, frühe Risiken erkennen – Prävention leisten", Erlangen.)

Penn, P. (1982): Circular questioning. *Family Process* 21 (3): 267–280.

Petermann, F. (Hrsg.) (1997): Kinderverhaltenstherapie. Grundlagen und Anwendungen. Baltmannsweiler (Schneider).

Piaget, J. (1955): Die Bildung des Zeitbegriffs beim Kinde. Zürich (Rascher).

Postman, N. (1987): Das Verschwinden der Kindheit. Frankfurt a. M. (Fischer).

Probst, G. J. B. (1987): Selbstorganisation. Ordnungsprozesse in sozialen Systemen aus ganzheitlicher Sicht. Berlin/Hamburg (Paul Parey).

Remschmidt, H., M. Schmidt u. F. Poustka (Hrsg.) (2001): Multiaxiales Klassifikationsschema für psychiatrische Erkrankungen im Kindes- und Jugendalter nach ICD-10 der WHO. Bern/Göttingen/Toronto/Seattle (Hans Huber).

Resch, F. (1996): Entwicklungspsychopathologie des Kindes- und Jugendalters. Weinheim (Psychologie Verlags Union).

Retzer, A., F. B. Simon, G. Weber, H. Stierlin a. G. Schmidt (1991): A followup study of manic-depressive and schizoaffective psychoses after systemic family therapie. *Family Process* 30 (2): 139–153.

Retzlaff, R. (2002): Behandlungstechniken in der systemischen Familientherapie mit Kindern. *Praxis der Kinderpsycholologie und Kinderpsychiatrie* 51: 792–810.

Richter, H.-E. (1969): Eltern, Kind und Neurose. Reinbek (Rowohlt).

Rotthaus, W. (2000): Wozu erziehen? Entwurf einer systemischen Erziehung. Heidelberg (Carl-Auer-Systeme).

Rotthaus, W. (Hrsg.) (2001): Systemische Kinder- und Jugendlichenpsychotherapie. Heidelberg (Carl-Auer-Systeme), S. 9–17.
Saß, H., H.-U. Wittchen u. M. Zaudig (1996): Diagnostisches und Statistisches Manual Psychischer Störungen DSM-IV. Göttingen (Hogrefe).
Schiepek, G. (1999): Die Grundlagen der Systemischen Therapie. Göttingen (Vandenhoek & Ruprecht).
Schiepek, G. u. G. Strunk (1994): Dynamische Systeme. Grundlagen und Analysemethoden für Psychologen und Psychiater. Heidelberg (Asanger).
Schiepek, G., H. Eckert, H. Honermann u. S. Weihrauch (2001): Ordnungswandel in komplexen dynamischen Systemen: Das systemische Pradigma jenseits der Therapieschulen. *Hypnose und Kognition* 18 (1/2): 89–117.
Schlippe, A. von u. J. Schweitzer (1999): Lehrbuch der systemischen Therapie und Beratung. Göttingen (Vandenhoek & Ruprecht).
Schmidt, S. J. (Hrsg.) (1993): Heinz von Foerster. Wissen und Gewissen. Versuch einer Brücke. Frankfurt a. M. (Suhrkamp).
Segal, L. (1988): Das 18. Kamel oder Die Welt als Erfindung. Zum Konstrukivismus Heinz von Foersters. München (Piper).
Seiffge-Krenke, I. (2001): Geschwisterbeziehungen zwischen Individuation und Verbundenheit: Versuch einer Konzeptualisierung. *Praxis der Kinderpsycholologie und Kinderpsychiatrie* 50 (6): 421–439.
Selekmann, M. D. (1997): Solution-focused therapy with children. New York (Guilford).
Selvini Palazzoli, M. (1998): Magersucht. Von der Behandlung Einzelner zur Familientherapie. Stuttgart (Klett-Cotta).
Simon, F. B. (1995): Die andere Seite der Gesundheit. Heidelberg (Carl-Auer-Systeme).
Smith, L. B. a. E. Thelen (eds.) (1993): A dynamic systems approach to development. Cambridge, MA/London (The MIT Press).
Spencer-Brown, G. (1973): Laws of Form. New York (Bantam)
Spencer-Brown, G. (1996): Wahrscheinlichkeit und Wissenschaft. Heidelberg (Carl-Auer-Systeme).
Spitzer, M. (2002): Lernen. Gehirnforschung und die Schule des Lebens. Heidelberg/Berlin (Spektrum).
Staabs, G. von (1985): Der Sceno-Test. Beitrag zur Erfassung unbewusster Problematik und charakterologischer Struktur in Diagnostik und Therapie. Bern/Stuttgart/Toronto (Huber).
Steinhausen, H.-C. (2002): Psychische Störungen bei Kindern und Jugendlichen. Lehrbuch der Kinder- und Jugendpsychiatrie. München/Jena (Urban & Fischer).
Stierlin, H. (1976): Das Tun des Einen ist das Tun des Anderen. Eine Dynamik menschlicher Beziehungen. Frankfurt a. M. (Suhrkamp).
Stierlin, H. (2001): Psychoanalyse – Familientherapie – systemische Therapie. Entwicklungslinien, Schnittstellen, Unterschiede. Stuttgart (Klett-Cotta).
Still, G. F. (1902): The Culostian lectures on some abnormal psychical conditions in children. *Lancet*: 1008–1012.

Stocker, C. M., R. A. Burwell a. M. L. Briggs (2002): Sibling conflict in middle childhood predicts children's adjustment in early adolescence. *Journal of Family Psychology* 16 (1): 50–57.
Thadden, E. von (2002): Aufpassen um jeden Preis.*Die Zeit*, Nr. 26., 20.06.2002: 45.
Thelen, E. a. L. B. Smith (1994): A dynamic systems approach to the development of cognition and action. Cambridge, MA/London (The MIT Press).
Tucker, C. J., S. M. McHale a. A. C. Crouter (2001): Conditions of sibling support in adolescence. *Journal of Family Psychology* 15 (2): 254–271.
Unger, R. M. (1986): Leidenschaft. Ein Essay über Persönlichkeit. Frankfurt a. M. (Fischer).
Voß, R. (Hrsg.) (1996): Die Schule neu erfinden. Systemisch-konstruktivistische Annäherungen an Schule und Pädagogik. Neuwied (Luchterhand).
Vossler, A. (2000): Als Indexpatient ins therapeutische Abseits? Kinder in der systemischen Familientherapie und -beratung. *Praxis der Kinderpsychologie und Kinderpsychiatrie* 49: 435–449.
Watzlawick, P. (1982): Die Möglichkeit des Andersseins. Zur Technik der therapeutischen Kommunikation. Bern/Stuttgart/Wien (Huber).
Watzlawick, P. et al. (1974): Lösungen. Zur Theorie und Praxis menschlichen Wandels. Bern (Huber).
Weber, G. u. H. Stierlin (1989): In Liebe entzweit. Reinbek (Rowohlt).
Wegerer, V., G. H. Moll, A. Rothenberger, E. Rüther a. G. Hüther (1999): Persistently increased density of serotonin transporters in th frontal cortex of rats treated with fluoxetine during early juvenile life. *Journal of Child and Adolescent Psychopharmacology* 9: 13–24.
Weiss, T. u. G. Haertel-Weiss (2001): Familientherapie ohne Familie : Kurztherapie mit Einzelpatienten. München (Piper).
Wender, P. H. (1976): Das hyperaktive Kind. Ursachen, Beschreibung und Behandlung einer Verhaltensstörung. Ravensburg (Maier).
White, M. u. D. Epston (1994): Die Zähmung der Monster. Literarische Mittel zu therapeutischen Zwecken. Heidelberg (Carl-Auer-Systeme).
Winterfeld, K. T., G. Teuchert-Noodt a. R. R. Dawirs (1998): Social environment alters both ontogeny of dopamine innervation of the medial prefrontal cortex and maturation of memory in gerbils (Meiones unguiculatus). *Journal of Neuroscience Research* 52: 201–209.
Yule, W. (2001): Posttraumatic stress disorder in the general population and in children. *Journal of Clinical Psychiatry* 62 (Suppl. 17): 23–28.
Zametkin, A. J., T. E. Nordahl, M. Ross, A. C. King, W. E. Semple, J. Rumsey, S. Hamburger a. R. M. Cohen (1990): Cerebral glucose metabolism in adults with hyperactivity of childhood onset. *The New England Journal of Medicine* (20): 1361–1366.

Register

ADHS 22ff., 27, 28
ADHS-Konstellation 35
Amphetamine 25
Aufmerksamkeit 29 ff.
Autonomie 93, 119
Autostimulation 35
Bedeutungszuschreibungen 146
Belastungsstörung, posttraumatische 72
Defizitorientierung 149
Delegation 73
DI-Konstellation 143
Dopaminmangelhypothese 32
DSM-IV 28
Enkopresis 87
Enmeshment 50
Entwicklungsalter 15
Entwicklungsbiologie 33
Entwicklungspsychopathologie 38
Enuresis 81
Erbrechen, habituelles 76
Erfindungsgeist 13, 151 ff.
Erstinterview 41
Erziehungsstil 100
Externalisierung 84
Faktoren, protektive 46
Familienkonstellation 91
Fokusverschiebung 87
Funktionen, exekutive 27
Genexpression 160
Genogrammarbeit 75
Geschwister 55 ff.
Hirnschädigung 26
Hypnotherapie 15

Imperativ, ethischer 13, 156
Informationsübertragung 21
Insemination, heterologe 136
Jugendliche 49 ff.
Kompetenz, autonome 38
Kompetenz, autoregulatorische 45
Kompetenz, intuitive 45
Konditionierung, apparative 82
Lösungsorientierung 69
Magersucht 106
MCD 28
Methylphenidat 98
Nervenzellverschaltungen 18
Neuigkeitsdetektor 146
Neukontextualisierung 81
Neuroplastizität 151, 159
Neurotransmittersysteme 161
Orientierung, zeitliche 86
Patchworkfamilien 58
Psychosen 126 ff.
Regelsystem 51
Regulationsstörungen 44, 105
Selbstorganisationsprozesse 44
Selbstwirksamkeit 65, 66
Somatisierungsstörung 76
Stimulationsabhängigkeit 28, 32, 46
Störungen, hyperkinetische 95
Synergetik 22
System, dopaminerges 27, 32
Systemische Therapie 14
Systemmodellierung 91, 95
Territorialverhältnisse 52
Trilogkonzeption 37
Unterschiedsfragen 39, 47, 147

Verantwortungsverteilung 147
Verwundbarkeit 85
Zaubern 53, 148
Zeit 125
Zeitbegriff 87

Zeitgebundenheit 64
Zeitgitterentwicklung 61
Zustimmung, informierte 148
Zwangsstörungen 119, 141

Über den Autor

Helmut Bonney, Dr. med., Jahrgang 1947, verheiratet, fünf Kinder, Facharzt für Kinder- und Jugendpsychiatrie, Psychotherapie und Kinderheilkunde; systemischer Familientherapeut (SG). Nach klinischer Tätigkeit u. a. in der allgemeinen Pädiatrie und Kinderneurologie und am Zentralinstitut für Seelische Gesundheit in Mannheim Aufbau einer systemisch konzipierten Abteilung für Kinder- und Jugendpsychiatrie in Detmold. Sozialpsychiatrische Praxis in Heidelberg. Forschungs- und Weiterbildungsinitiativen zur Systemischen Therapie mit Kindern und Familien. Veröffentlichung u. a. *Neues vom Zappelphilipp* mit Gerald Hüther.

Jim Wilson

Kindorientierte Therapie

Ein systemisch-kooperativer Ansatz

175 Seiten, Kt, 2003
ISBN 3-89670-417-6

Jim Wilson zeigt in diesem Buch, was es bedeutet, Therapie, Beratung, Fürsorge und Betreuung aus einer kindorientierten Perspektive zu betreiben. Im Mittelpunkt steht das Bemühen, Zugang zum Kind zu gewinnen und mit ihm zu arbeiten und sich gleichzeitig den systemischen Blick auf den familiären und weiteren Kontext zu bewahren.

In vielfältigen Beispielen wird gezeigt, wie sich aus einer Haltung von Neugierde, Offenheit, Respekt und Interesse heraus Fragen und Vorschläge entwickeln lassen, die für das Kind und seine Angehörigen neue Ideen und neue Sichtweisen eröffnen und so Veränderungen möglich machen.

„Das Buch ist eine Fundgrube für alle Praktiker, die in unterschiedlichen Settings mit Kindern und ihren Familien zu tun haben."
Wilhelm Rotthaus

www.carl-auer.de

Michael White/David Epston

Die Zähmung der Monster

Der narrative Ansatz in der Familientherapie

219 Seiten, Kt, 4. Aufl. 2002
ISBN 3-89670-100-2

Das Buch zentriert sich um einen Themenbereich, der bislang in der familientherapeutischen und systemischen Literatur zu kurz kam: die Bedeutung und Nutzung von schriftlichem Material, insbesondere von Briefen im therapeutischen Prozess.

„White und Epston sind meiner Meinung nach Bahn brechend auf dem Gebiet der Familientherapie tätig. Sie weiten nicht nur ihr eigenes klinisches Verständnis und ihre Fähigkeiten auf neue Gebiete aus, sie ermöglichen auch anderen Therapeuten, dies zu tun."
Karl Tomm

Carl-Auer-Systeme Verlag

Karl L. Holtz/Siegfried Mrochen/
Peter Nemetschek/Bernhard Trenkle (Hrsg.)

neugierig aufs Großwerden

Praxis der Hypotherapie
bei Kindern und Jugendlichen

382 Seiten, Kt
2., korr. Aufl. 2002
ISBN 3-89670-390-0

Dieses Buch zeigt die Praxis der Hypnotherapie mit Kindern und Heranwachsenden unter ressourcen-, lösungs- und entwicklungsorientierten Perspektiven. Führende Fachleute aus dem deutschsprachigen Raum berichten über Konzepte und Methoden, die sich in den letzten Jahren als erfolgreich erwiesen haben. „neugierig aufs Großwerden" bietet vor diesem Hintergrund viele praktische Anregungen und Falldarstellungen zu Themen wie Hyperaktivität, Traumatisierung, Lern- und Leistungsstörung, Heimerziehung und Begleitung von Kindern bei schmerzhaften medizinischen Prozeduren und führt die Ansätze und den Erfolg des Buches „Die Pupille des Bettnässers" fort.

„Meine Erwartungen und meine Neugierde, praktische Anregungen für
die hypnotherapeutische Arbeit mit Kindern und Jugendlichen
zu bekommen, wurden rundherum befriedigt."
Systhema

www.carl-auer.de